마음에 당기를

마음에 닿기를

초판인쇄	2018년 9월 7일
초판발행	2018년 9월 13일
지은이	정민규
발행인	조현수
펴낸곳	도서출판 프로방스
마케팅	최관호 최문섭 신성웅
편집	정민규
디자인	호기심고양이
주소	경기도 고양시 일산동구 백석2동 1301-2 넥스빌오피스텔 704호
전화	031-925-5366~7
팩스	031-925-5368
이메일	provence70@naver.com
등록번호	제2016-000126호
등록	2016년 6월 23일

정가 14,500원
ISBN 979-11-88204-70-0 03230

파본은 구입처나 본사에서 교환해드립니다.

마음에 닿기를

정민규 지음

프로방스

마음의 출처

세상이 신음하고 있습니다. 나 또한 고통스럽습니다. 우리는 왜 이렇게 신음하며 고통스러워할까요? 마음이 온전치 못하기 때문입니다. 마음이 온전치 못한 이유는 무엇일까요?

만족하지 못하고 탐하는 마음, 방황하여 갈 바를 정하지 못하는 마음, 무기력의 늪에 빠진 채 허덕이는 마음, 질투하고 시기하는 마음, 나를 내세우려는 마음, 외모를 따지고 외모로 사람을 보는 마음….

이러한 각양각색의 병든 마음이 원인입니다. 내가 서 있을 곳, 내가 나아갈 길을 모른다면 너무나도 참담한 인생 아닐까요?
갈대와 같은 사람의 마음을 아시기에 성경을 통하여 하나님은 다음과 같이 말씀하십니다.

(렘17:9) 만물보다 거짓되고 심히 부패한 것은 마음이라 누가 능히 이를 알리요마는

(렘17:10) 나 여호와는 심장을 살피며 폐부를 시험하고 각각 그 행위와 그 행실대로 보응하나니

안타까운 것은 이 같은 하나님의 뜻에 믿음으로 순종하여 마음이 정한 바가 있어야 할 그리스도인들에게서도 마음의 병이 심각하게 나타난다는 것입니다. 마음의 병은 신앙생활을 잠식하기까지 합니다. 그리하여 다음과 같은 말씀 앞에서 무릎 꿇지 않을 수가 없습니다.

(약2:10) 누구든지 온 율법을 지키다가 그 하나에 거치면 모두 범한 자가 되나니

(약2:11) 간음하지 말라 하신 이가 또한 살인하지 말라 하셨은즉 네가 비록 간음하지 아니하여도 살인하면 율법을 범한 자가 되느니라

(약2:12) 너희는 자유의 율법대로 심판받을 자처럼 말도 하고 행하기도 하라

(약2:13) 긍휼을 행하지 아니하는 자에게는 긍휼 없는 심판이 있으리라 긍휼은 심판을 이기고 자랑하느니라

(약2:14) 내 형제들아 만일 사람이 믿음이 있노라 하고 행함이 없으면 무슨 이익이 있으리요 그 믿음이 능히 자기를 구원하겠느냐

(약2:15) 만일 형제나 자매가 헐벗고 일용할 양식이 없는데

(약2:16) 너희 중에 누구든지 그에게 이르되 평안히 가라, 더웁게 하라, 배부르게 하라 하며 그 몸에 쓸 것을 주지 아니하면 무슨 이익이 있으리요

(약2:17) 이와 같이 행함이 없는 믿음은 그 자체가 죽은 것이라

'행함이 없는 믿음.'

그리스도인에게 가장 고민이 되는 말씀입니다. '구원받은 자의 변화받은 삶'이 왜 내게 잘 나타나지 않는 것일까? 즉 왜 신행일치(信行一致)의 삶이 살아지지 않는가?

스스로 몸부림을 친다고 되는 일이 아님을 자신의 의지로 삶을 변화시켜 보고자 한 사람들은 익히 알 것입니다. 우리가 구원을 하나님의 전적인 은혜로써 받았듯, 변화 역시 나 스스로 꾀하는 것이 아니라 주님께 의지하여 받아야 하는 것임을 우리는 깨달아야 할 것입니다.

'성경 중심의 일상 통찰'이 기업의 목적인 AIM(All Insight Media)은 '세상일로 방황하지 말고 그리스도인답게 변화받은 삶을 살자.'는 마음으로 시작한 것입니다. 그래서 기업 슬로건이 '모두함께 사랑 안에 변화받아 열매맺기!'입니다.

AIM의 첫 번째 책 『일상 통찰』이 성경적 관점으로 일상생활과 사회현상을 바라보도록 했다면, 이번 책 『마음에 닿기를』은 우리가 좀 더 실제적으로 일상 가운데서 제대로 신앙생활을 하도록 각자의 '마음부터 행함까지'를 살피는 데 중점을 두었습니다.

총 5장으로 구성했으며, 각 장의 제목처럼 '나의 마음/나의 선택/나의 사랑/나의 가정/나의 입술'을 점검하고자 했습니다. 책 제목 『마음에 닿기를』은 다음의 성경 말씀을 떠오르게 합니다.

(약4:8) 하나님을 가까이 하라 그리하면 너희를 가까이 하시리라 죄
인들아 손을 깨끗이 하라 두 마음을 품은 자들아 마음을 성결케
하라

성경에는 '두 마음을 품다'는 표현이 종종 등장합니다. 하나님 편에
설 것인가, 세상 편에 설 것인가 갈등하지 말라는 말씀이지요. 즉
세상의 미혹에서 벗어나 하나님 편에 서서 승리하는 삶을 살라는
것입니다.

그러나 나의 생각, 나의 뜻으로는 되지가 않습니다. 그렇습니다. 마
음도 그냥 내 마음이 아니라 '주님이 주시는 마음'이어야 합니다.
내 마음의 출처가 주님이어야 합니다. 즉 주님의 마음이 내 안에
서 작동하여 내가 승리하는 삶을 살게 되는 것이죠. 그러나 자꾸만
내 생각, 내 뜻대로 살려고 하니까 두 마음을 품은 자가 되고 맙니
다. 결국 "이와 같이 행함이 없는 믿음은 그 자체가 죽은 것이라(약
2:17)."는 말씀대로 '죽은 자'처럼 살아가는 것입니다.

혹은 신앙생활을 잘할 것 같다가도 자신이 특히 연약한 죄 앞에
서 굴복하여 죄를 짓고 또 그 죄를 반복하여 짓다가 세상살이 자
체를 버거워하고 신앙생활에 회의를 느끼는 지경에까지 이르기
도 합니다.

그러나 우리가 때로 마음이 삐뚤고 모나게 되었다고 낙심하여 좌절하면 안 됩니다. 최근 한 설교 말씀을 듣고 마음이 몹시 찔렸습니다. 사람들이 자기 다니고 싶은 데 다 다니고, 쉬고 싶은 것 다 쉬고, 놀고 싶은 것 다 놀면서 기도는 도무지 하지를 않는다는 말씀이었습니다. 우리가 마음의 병에서 헤어 나오지 못하는 이유가 바로 여기에 있습니다. 바로 '기도 부족' 때문입니다.

마음이 갈 바를 몰라 방황할 때, 낙심하려고 하고 좌절하려고 할 때 우리는 무릎 꿇고 '회개의 기도'를 해야 합니다. 그때 내 안에 평안이 찾아옵니다.

(시51:9) 주의 얼굴을 내 죄에서 돌이키시고 내 모든 죄악을 도말하소서
(시51:10) 하나님이여 내 속에 정한 마음을 창조하시고 내 안에 정직한 영을 새롭게 하소서

내 뜻으로는 되지 않음을 고백하고, 하나님 뜻 따라 하나님 의지하여 하나님께 모든 것 맡기겠다 회개하며 '결단의 기도'를 해야만 합니다. 그때 내 안에 소망이 깃듭니다. 삶을 살아갈 힘이 생깁니다. 이렇게 되어야 우리는 신앙의 열매를 거둘 수 있습니다.

(요15:5) 나는 포도나무요 너희는 가지니 저가 내 안에, 내가 저 안에 있으면 이 사람은 과실을 많이 맺나니 나를 떠나서는 너희가 아무것도 할 수 없음이라

기도 부족의 잘못을 꾸짖어 주신 그 설교에서 아래의 말씀을 받았습니다.

(렘33:2) 일을 행하는 여호와, 그것을 지어 성취하는 여호와, 그 이름을 여호와라 하는 자가 이같이 이르노라
(렘33:3) 너는 내게 부르짖으라 내가 네게 응답하겠고 네가 알지 못하는 크고 비밀한 일을 네게 보이리라

주님은 크고 비밀한 일을 내게 보이기를 원하시는데, 세상 욕심에 눈이 어두워져 세상일에 휩쓸린 채 방황하며 살고 있지는 않은지 주의 깊게 돌아볼 일입니다.

마음이 완악하고 강퍅해질 때, 죄에 자꾸만 미혹될 때 낙심하여 좌절하지 맙시다. 바로 그 순간, 곧바로 무릎 꿇고 회개하며 부르짖어 기도합시다. 그때 우리는 하나님의 뜻이 내 안에서 성취되는 것을 체험하게 될 것입니다. 이렇게 우리 모두가 주님의 사랑을 전하는 축복의 통로가 되기를 간절히 소망합니다.

(벧전1:22) 너희가 진리를 순종함으로 너희 영혼을 깨끗하게 하여 거짓이 없이 형제를 사랑하기에 이르렀으니 마음으로 뜨겁게 피차 사랑하라

정민규

차 례

Chaper 2

나의 선택이...

Chapter 3
나의 사랑이...

Chapter 4
나의 가정이...

Chaper 5

나의 입술이...

Chaper 1

나의 마음이...

마음의 지경

'보는 만큼 보인다.'고 하잖아요.
그런데 갈수록 보는 게 작아져요.

세상을 스마트폰으로 볼 수 있을까요?

관계도 작아집니다.
진정한 친구가
몇이나 될까요?

역사가 흐를수록 소인이
되어 가는 느낌입니다.

시야도, 관계도, 마음도
작아지는 소인이요.

소인들끼리 만나면
부딪침이 잦죠.

자연으로부터는
자꾸만 멀어집니다.

오늘의 공기는
온통 뿌옇네요.

미세먼지도
소인들 스스로
만들어 낸 거죠.

'나는 무엇을
보고 있는가?'

'소인인 내가
큰일을 할 수 있을까?'

산과 바다를 바라보며
마음을 넓히고 싶습니다.

(사40:31)오직 여호와를 앙망하는 자는 새 힘을 얻으리니 독수리의
　　　날개 치며 올라감 같을 것이요 달음박질하여도 곤비치 아니하겠
　　　고 걸어가도 피곤치 아니하리로다
(행1:8)오직 성령이 너희에게 임하시면 너희가 권능을 받고 예루살
　　　렘과 온 유대와 사마리아와 땅 끝까지 이르러 내 증인이 되리라
　　　하시니라

내 마음은 절대로

여태껏 받은 축복들을
난 매번 잊어버리곤 해

나는 내 두 어깨가 무거울 때만
나의 두 손을 모으네

이제는 떠나지 않아
내 마음은 절대로 전과 같이 안 변해

나는 회복됐고 설레는 얼굴
처음 모습 그대로 당신 앞에 서네
　– 김범수, 비와이 〈I will be〉 가사 중에서

회개와 결단의 '랩'을 접하니
특별한 감동으로 다가옵니다.
랩으로도 은혜를 저렇게 표현하다니요.
참 고맙고 감사한 시도입니다.

가사를 보면, 크리스천이라면
누구나 경험해 보았을 이야기죠.

신앙에 큰 기복이 있는 단계를 거쳐
점차 잠잠해지고 회복 입은 신자라면
설레임과 새로움으로 매일매일
주님의 손길을 기다리겠죠.

(시130:5) 나 곧 내 영혼이 여호와를 기다리며 내가 그 말씀을 바라는
　도다
(시130:6) 파수꾼이 아침을 기다림보다 내 영혼이 주를 더 기다리나
　니 참으로 파수꾼의 아침을 기다림보다 더하도다

아무리 힘든 일이 있어도
내 마음은 주님의 것이며,
또한 주님을 향해 있음을 알기에.
이미 주님이 승리하셨음을 믿기에.

하나님 인도하심 따라 인생 모험 즐기는
'도전의 전사' 된 하나님의 자녀로서
강하고 담대한 믿음의 선포를
모든 오늘 해야겠습니다.

(롬8:18) 생각건대 현재의 고난은 장차 우리에게 나타날 영광과 족히
　비교할 수 없도다
(롬8:19) 피조물의 고대하는 바는 하나님의 아들들의 나타나는 것이니

불타는 마음으로

사업을 넘어 사명으로
나는 불꽃이다

모 기업의 기업광고 카피입니다.

우리가 불꽃이 되려면
내 안에 '사랑의 열정'이 있어야겠지요.

예전에 공병호 박사의 강의를 들은 적이 있는데
"죽기까지 나의 모든 불꽃을 다 태울 것이다"라고 선언하더군요.

도전과 감동을 주는 카피와 선언입니다.

위 기업광고 카피를 보고
불타는 마음으로 사랑의 열매를 맺는
'빛과 소금 된 그리스도인'의 카피를 써 봅니다.

지식을 넘어 지혜로
가족을 넘어 이웃으로
자식을 넘어 후대로

대한민국을 넘어 세계로
직업을 넘어 소명으로
거대한 부를 넘어 위대한 부로
시간을 넘어 영원으로,
믿음이 행함 되고
고난이 축복 되며
희생이 생명 되는,
우리는 사랑입니다.

빛이 되시고 길이 되시는 성령님의 권능과 감동으로
불타는 마음으로 사랑의 열매를 맺기를 간구합니다.

(마3:11) 나는 너희로 회개케 하기 위하여 물로 세례를 주거니와 내
    뒤에 오시는 이는 나보다 능력이 많으시니 나는 그의 신을 들기
    도 감당치 못하겠노라 그는 성령과 불로 너희에게 세례를 주실
    것이요
(눅11:13) 너희가 악할지라도 좋은 것을 자식에게 줄 줄 알거든 하물
    며 너희 천부께서 구하는 자에게 성령을 주시지 않겠느냐 하시
    니라
(행1:8) 오직 성령이 너희에게 임하시면 너희가 권능을 받고 예루살
    렘과 온 유대와 사마리아와 땅 끝까지 이르러 내 증인이 되리라
    하시니라

그리스도의 마음이 서로 만나야 합니다

2, 3세기를 거치면서 많은 헬라 학자들이 기독교 세계로 유입되었다. 그들은 이성과 논리와 수사학에 초점을 맞춘 교육 방법론을 적용했다. 헬라식 학습방식은 프로그램 중심이었으며, 많은 대중 앞에서 직접적인 인격의 접촉 없이 이루어질 때가 많았다. 헬라인들은 해야 할 것과 하지 않아야 할 것을 강조했고, 논리적인 원리를 따지는 데 주력했다. 그들은 학생들이 많은 정보와 자료를 축적하기를 기대했다.

― 『일터 사역』 (오스 힐먼 지음, 조계광 옮김)

인터넷에서, 그리고 휴대폰으로 소통을 많이 하죠. 카페나 채팅방에서요. 면대면 만남이 줄어드는 가장 큰 이유입니다.

1990년대 인터넷이 보급되면서부터 쌓인 정보와 자료는 엄청납니다. 휴대폰으로 인터넷 사용이 가능해지면서는 일상으로 더 깊숙이 들어왔죠. 심심할 때, 어색할 때 휴대폰을 꺼내 듭니다.

요즘은 특히 문자를 주고받는 것에 익숙해 있죠. 그래서 만나서 이야기하거나 전화로 대화하는 걸 어색해하는 사람들이 늘어나고 있다는 기사를 최근에 보았습니다.
업무 상의와 지시도 문자로 자주 합니다.

과거에 몸담았던 한 회사는 사내 인트라넷으로 부서 간, 부서 내 소통을 거의 다 하는데요. 직원들끼리 대화를 거의 주고받지 않고도 하루 업무를 마치고 퇴근하는 날이 잦았습니다. 그럴 때면 뭐라 설명하기 힘든 외로움이 밀려오기도 했지요. 그런데 계속 사용하다 보니 인트라넷 소통이 익숙해지고, 오히려 기록하는 게 소통이 정확하고 히스토리가 남아서 좋다는 생각이 들기도 하더라고요. 물론 그런 장점도 있는 게 사실이지만, 사람들 사이가 건조해지는 느낌은 지울 수 없었습니다.

또 하나, 사람이 목소리를 듣고, 얼굴을 보면서 대화했다면 생기지 않았을 수 있는 오해가 문자를 주고받는 와중에 생기기도 합니다.

저는 업무로나 사적으로 문자를 자주 사용하는데 그러면서 나름대로 내린 결론은, 딱 떨어지는 것은 아니겠지만, 문자를 보낼 때와 전화를 해야 할 때를 상황에 맞게, 상대에 맞게 구분하면 좋겠다는 정도입니다.

그런데 『일터 사역』을 읽고 보니 우리가 서로 인격적으로 대화하고 만남을 가져야겠다는 생각이 듭니다.

인격적인 만남 없이 절차나 업무 자체만을 생각한다면 그것은 기계적일 수 있죠. 그러다 보면 이성과 논리만 강조할 수 있습니다. 이성과 논리에 집착할 수 있습니다. 이성과 논리가 전부가 될 수 있습니다.

이러한 현상과 연관하여 생각해 보면 크리스천들이 가장 심각하게 함정에 빠질 때가 인격적인 교제보다는 도덕적인 원리에 목맬 때인 것 같습니다. 이때 가장 많이 나타나는 현상이 무엇입니까? 누군가가 올바르지 않은 행위를 했다고 생각되면 사안을 면밀하게 살펴보지 않은 채, 즉 보다 진전된 관계로 그를 바라보는 대신에 건조하게 정죄를 하는 것입니다.

크리스천이 성경 말씀에 입각해 도덕적으로 사는 것은 마땅한 일이지만, 인격적인 교제 없이 도덕적인 원리에만 집착한다면 자칫 자기 의를 드러내고 남의 죄를 들추게 되지 않겠습니까? 나의 죄를 들여다보아야 할 시간을 애먼 데다가 쓸 수 있는 것입니다. 우리는 의인이 아닌 죄인인데도 말이에요. 우리는 주님과의 인격적인 관계를 통해서 주님의 사랑과 그분의 능력에 힘입어 의인으로 칭함을 받을 뿐이죠.

초대 교회는 경험적인 지식을 추구하는 히브리식 사고방식을 지녔다고 합니다. 이성에 의거한 추론이나 분석(헬라식 사고방식)이 아니라, 복종을 통해 지혜를 얻고자 했던 것이죠. 선생은 단지 정보만 전달하는 것이 아니라, 삶 가운데서 겪은 경험을 통해 학생을 가르쳤다고 합니다. 이러한 인격적인 가르침을 통해서 타인을 섬길 수 있는 성숙하고 능동적인 사랑을 선생과 학생이 함께 배워 나간 것이죠.

기독교에 헬라(그리스) 철학이 유입된 것이 2세기부터인데 21세기인 지금은 어떤가요? 이성과 논리와 수사학에 초점을 둔 당시의 교육 방법론은 대중교육에 프로그램으로서 그대로 적용되어 오늘날까지 이어져 왔고, 교회에도 강하게 스며들었습니다. 물론 이성과 논리와 프로그램이 필요하고 또 요긴할 수 있지만, 하나님과 사람 사이에 그리고 사람과 사람 사이에 인격적인 만남이 등한시된다면 그 논리와 프로그램은 독이 될 수 있죠.

하나님을 나를 한없이 사랑해 주시는 아버지로 여기는 그 마음으로 우리가 하나님께 기도할 때 우리는 비로소 하나님과 인격적인 관계를 맺게 됩니다.
사람들의 목소리를 들으면서, 그들의 눈과 표정을 보면서 함께 마음을 나눌 때 우리는 비로소 사람들과 인격적인 관계를 맺게 됩니다.
(물론 문자를 주고받으면서도 우리가 서로에게 마음을 쓸 수 있겠지요. 들리지 않고, 보이지 않으니 더 적극적으로 그래야 할 것입니다.)

이처럼 하나님과 사람 사이에 그리고 사람과 사람 사이에 인격적인 관계가 맺어질 때 비로소 우리 가운데 변화가 일어나고 기적이 일어납니다.

논리 자체, 프로그램 자체가 목적이 아니라 하나님과, 사람들과 인격적으로 만나기 위한 유익한 도구가 되어야 할 것입니다.

그리스도인이 초보에서 벗어나는 길이 바로 이 지점에 있을 것입니다. 그리스도인은 이 길을 알고 따르며 일을 해 나가야 할 것입니다.

우리가 일하는 가운데 그 마음속에 이처럼 하나님과, 사람들과 인격적인 만남을 갖기 원하는 소망이 늘 열정적으로 품어지기를 간절히 소망합니다.

(고전2:4) 내 말과 내 전도함이 지혜의 권하는 말로 하지 아니하고 다
만 성령의 나타남과 능력으로 하여

(고전2:5) 너희 믿음이 사람의 지혜에 있지 아니하고 다만 하나님의
능력에 있게 하려 하였노라

(고전2:6) 그러나 우리가 온전한 자들 중에서 지혜를 말하노니 이는
이 세상의 지혜가 아니요 또 이 세상의 없어질 관원의 지혜도 아
니요

(고전2:7) 오직 비밀한 가운데 있는 하나님의 지혜를 말하는 것이니
곧 감취었던 것인데 하나님이 우리의 영광을 위하사 만세 전에
미리 정하신 것이라

(고전2:8) 이 지혜는 이 세대의 관원이 하나도 알지 못하였나니 만일
알았더면 영광의 주를 십자가에 못 박지 아니하였으리라

(고전2:9) 기록된 바 하나님이 자기를 사랑하는 자들을 위하여 예비
하신 모든 것은 눈으로 보지 못하고 귀로도 듣지 못하고 사람의
마음으로도 생각지 못하였다 함과 같으니라

(고전2:10) 오직 하나님이 성령으로 이것을 우리에게 보이셨으니 성
령은 모든 것 곧 하나님의 깊은 것이라도 통달하시느니라

(고전2:11) 사람의 사정을 사람의 속에 있는 영 외에는 누가 알리요
이와 같이 하나님의 사정도 하나님의 영 외에는 아무도 알지 못
하느니라

(고전2:12) 우리가 세상의 영을 받지 아니하고 오직 하나님께로 온
영을 받았으니 이는 우리로 하여금 하나님께서 우리에게 은혜로

나의 마음이...

주신 것들을 알게 하려 하심이라

(고전2:13) 우리가 이것을 말하거니와 사람의 지혜의 가르친 말로 아
니하고 오직 성령의 가르치신 것으로 하니 신령한 일은 신령한
것으로 분별하느니라

(고전2:14) 육에 속한 사람은 하나님의 성령의 일을 받지 아니하나니
저희에게는 미련하게 보임이요 또 깨닫지도 못하나니 이런 일은
영적으로라야 분변함이니라

(고전2:15) 신령한 자는 모든 것을 판단하나 자기는 아무에게도 판단
을 받지 아니하느니라

(고전2:16) 누가 주의 마음을 알아서 주를 가르치겠느냐 그러나 우리
가 그리스도의 마음을 가졌느니라

온 마음으로 주의 앞에서 행하는 종

매사에 명분을 중시하는 사람이 있습니다.
꼭 명분이 있어야 무엇을 하지요.

저 사람이 내게 무슨 혜택을 주어서,
내가 지난번에 그렇게 하기로 해서,
지금 이 일을 하지 않으면 오해를 살까 봐,
이렇게 하면 나를 유능한 사람으로 보겠지,
등등의 이유로 명분을 찾고 만듭니다.

하지만 명분은 합리화되거나, 거짓이 될 공산이 큽니다.
진심, 진실이 아니라, 내가 무언가를 만들어 내거나 가미해야 하기
때문이죠.
그래서 명분을 따르는 행위는 진심에서 우러나오지 않는 것일 수 있
습니다.

내가 부모이기 때문에 자녀에게 말을 부드럽게 하는 것이 아니라,
사랑하기 때문에 자연히 그렇게 되는 것이죠.

내가 직책이 이렇고, 역할이 이러니까 무슨 일을 하는 것이 아니라,
그 일을 통해 하나님의 영광을 드러내기 위해 자연히 진심과 성실

로 일하게 되는 것이죠.

교회를 다니니까 올바로 사고하고 행동해야 하는 것이 아니라,
주님의 몸 된 교회로서 자연히 사랑의 사고와 행동을 하게 되는 것
이죠.

그러므로 굳이 명분을 찾을 필요도, 따질 필요도 없습니다.
그러면 자연히 부자연과 부정직, 불성실이 사라질 것입니다.

(왕상8:22) 솔로몬이 여호와의 단 앞에서 이스라엘의 온 회중을 마주
　　서서 하늘을 향하여 손을 펴고
(왕상8:23) 가로되 이스라엘 하나님 여호와여 상천하지에 주와 같은
　　신이 없나이다 주께서는 온 마음으로 주의 앞에서 행하는 종들
　　에게 언약을 지키시고 은혜를 베푸시나이다
(삼상2:35) 내가 나를 위하여 충실한 제사장을 일으키리니 그 사람
　　은 내 마음 내 뜻대로 행할 것이라 내가 그를 위하여 견고한 집
　　을 세우리니 그가 나의 기름 부음을 받은 자 앞에서 영구히 행
　　하리라

마음만은

인생지사
고비마다
굽이굽이
흐르지만

마음만은
경쾌함과
진지함의
사이에서

싱그러움
초지일관
주안에서
지켜가길

사랑받아
은혜받아
평안받아
감사하며.

나의 마음이...

만물보다 거짓되고 심히 부패한 것은

#1

더러운 생각, 추악한 욕망, 이기적 욕심이 마음속에 있음을 보고
놀라게 됩니다. 수시로 그 같은 마음이 생기는 것을 보고 놀랍니다.
'아, 나는 왜 그럴까?'

#2

눈 하나 깜짝하지 않고 속임수를 쓰는 사람들을 대하면서 놀랍니다.
'아니, 저 사람은 도대체 왜 저럴까?'

#3

정색하는 사람, 분노하는 사람, 이용하는 사람을 보고 놀랍니다.
'나한테 왜 그러는 거지?'
남에게 정색하고 분노하고, 남을 이용한 나 자신을 돌아보며 놀라
스스로에게 묻습니다.
'나, 그 사람한테 왜 그런 거지?'

나에 대한 고민(#1), 남에 대한 고민(#2), 관계에 대한 고민(#3).
우리 인생은 이 세 가지로 복잡해지고 어려워집니다.
『모두 거짓말을 한다』(세스 스티븐스 다비도위츠 지음, 이영래 옮김)는
이 '인생 3대 과제'를 독특하게 풀어 냅니다.

구글 검색 데이터로 사람들의 숨겨진 욕망과 생각을 찾아본 것이
죠. 그렇게 밝혀진 이기적이고 가식적인 인간의 본성을 드러내 보
여 주는 책입니다.
인간의 말을, 인간의 일을 어디까지 믿어야 하는가를 생각해 보게
하는 책이에요.

특히 소셜 미디어에 쓰는 내용과 검색어로 쓰는 내용을 비교한 결
과가 흥미롭습니다.
소셜 미디어에서 남편에 대해 가장 많은 사용되는 단어는 '최고',
'가장 좋은 친구', '굉장한' 같은 것들인데, 익명으로 검색어를 써 넣
을 수 있는 구글에서는 남편과 관련해 '얼간이', '짜증 나는', '못된'
같은 단어가 가장 많이 입력된다고 합니다.

인종주의, 정신질환, 성생활, 아동학대, 낙태, 광고, 종교, 건강 등 다
양한 분야에 걸쳐 인간 본성을 들추어냄으로써 인간과 사회에 관한
지식 대부분이 왜곡되어 있음을 깨닫게 해 주는 책입니다.

저자는 이러한 연구 결과에 대해 '충격적'이라는 표현을 쓰는데요.
"이런 발견들 때문에 인간 본성에 관한 생각이 바뀌게 되었나요?"
라는 질문에 저자는 이렇게 답합니다.
"네, 처음부터 인간 본성에 대해 어두운 견해를 갖고 있었지만, 지
금은 더 어두워진 것 같습니다. 사람들이 자기 자신에게만 몰두하
는 성향이 충격적일 정도로 강하다는 생각을 갖게 되었습니다."

이 책은 인간 본성에 대한 의미 있는 접근이기는 하지만, 성경은 이미 이에 대해 간명하게 말씀하고 있습니다.

(렘17:9) 만물보다 거짓되고 심히 부패한 것은 마음이라 누가 능히 이를 알리요마는

최근에 지인이 '인간 본성과 인간관계'에 대해 이야기해 준 적이 있는데요.
죄악일 뿐인 인간 본성을 안 채로 나 자신을 보고, 내 이웃을 보아야 한다는 것이었습니다.
우리의 악함과 우리의 약함을 시인한 채로 인간관계를 맺어야 긍휼의 마음이 나온다는 것이죠.
그래야 서로, 함께 발전하는 관계가 되는 것이고요.

다시 말해, 인간 본성이 원래 추악하고 취약한 것을 이해하고 서로를 대하고, 위하면 우리가 맺는 모든 관계에 열매가 맺히기 시작한다는 것이지요.
우리가 누군가를 신뢰한다고 할 때는 그 사람의 본성을 신뢰하는 것이 아니니까요.
주님께서 우리 마음의 주관자 되셔서 이 관계를 이끌어 주심을 신뢰하며 이웃을 대하는 것이지요.
주님이 연결해 주신 관계, 주님이 만들어 주신 자리에 감사하여 서로에게 소망을 품은 채로 서로를 대하는 것이죠.

그러나 우리가 살다 보면 사람에게 상처받고, 사람 때문에 힘들어 하면서 스스로 잘못된 인간관을 굳히게 되죠.

'그 사람은 정말 자기만 알아.'
'그 사람은 정말 못됐어.'
'그 사람은 속이는 사람.'
'그 사람은 나쁜 짓 하는 사람.'

그러면서 자기 자신에 대해서는 이중적인 태도를 취합니다. 혼자만의 시공간에서는 온갖 악함을 끌어들이고서는, 남과 함께할 때는 나는 옳다, 나는 바르다, 나는 안다, 나는 잘했다고 어필합니다. 스스로 발전이 없고, 이웃과 관계가 안 되는 이유입니다.

우리는 그래서 성경 말씀에 토대를 둔 인간관을 견지해야 합니다.
우리 모두는 실은 바울의 고백을 매일 해야 하는 자들 아닙니까?

(딤전1:9) 알 것은 이것이니 법은 옳은 사람을 위하여 세운 것이 아니 요 오직 불법한 자와 복종치 아니하는 자며 경건치 아니한 자와 죄인이며 거룩하지 아니한 자와 망령된 자며 아비를 치는 자와 어미를 치는 자며 살인하는 자며

(딤전1:10) 음행하는 자며 남색하는 자며 사람을 탈취하는 자며 거짓 말하는 자며 거짓 맹세하는 자와 기타 바른 교훈을 거스리는 자 를 위함이니

(딤전1:11)이 교훈은 내게 맡기신 바 복되신 하나님의 영광의 복음을 좇음이니라

(딤전1:12)나를 능하게 하신 그리스도 예수 우리 주께 내가 감사함은 나를 충성되이 여겨 내게 직분을 맡기심이니

(딤전1:13)내가 전에는 훼방자요 핍박자요 포행자이었으나 도리어 긍휼을 입은 것은 내가 믿지 아니할 때에 알지 못하고 행하였음이라

(딤전1:14)우리 주의 은혜가 그리스도 예수 안에 있는 믿음과 사랑과 함께 넘치도록 풍성하였도다

(딤전1:15)미쁘다 모든 사람이 받을 만한 이 말이여 그리스도 예수께서 죄인을 구원하시려고 세상에 임하셨다 하였도다 죄인 중에 내가 괴수니라

(딤전1:16)그러나 내가 긍휼을 입은 까닭은 예수 그리스도께서 내게 먼저 일체 오래 참으심을 보이사 후에 주를 믿어 영생 얻는 자들에게 본이 되게 하려 하심이니라

(딤전1:17)만세의 왕 곧 썩지 아니하고 보이지 아니하고 홀로 하나이신 하나님께 존귀와 영광이 세세토록 있어지이다 아멘

우리 모두는 실은 바울의 결행(決行)을 매일매일 하고 또 해야 하는 자들 아닙니까?

(갈2:20)내가 그리스도와 함께 십자가에 못 박혔나니 그런즉 이제는 내가 산 것이 아니요 오직 내 안에 그리스도께서 사신 것이라 이제 내가 육체 가운데 사는 것은 나를 사랑하사 나를 위하여 자기

몸을 버리신 하나님의 아들을 믿는 믿음 안에서 사는 것이라

오늘, 주님의 선하심과 의로움에 나를 온전히 맡겨 드리고 살아가는 우리 되기를 간절히 바랍니다.

(시51:9) 주의 얼굴을 내 죄에서 돌이키시고 내 모든 죄악을 도말하소서
(시51:10) 하나님이여 내 속에 정한 마음을 창조하시고 내 안에 정직한 영을 새롭게 하소서
(요15:5) 나는 포도나무요 너희는 가지니 저가 내 안에, 내가 저 안에 있으면 이 사람은 과실을 많이 맺나니 나를 떠나서는 너희가 아무것도 할 수 없음이라

주님, 우리에게는 주님의 사랑만이 필요합니다. 주님, 우리에게 사랑을 주셔서 감사합니다. 주님, 주님이 사랑이심에 감사합니다. 주님, 우리가 주님께 의지함으로 주님의 그 사랑으로 서로를 안아 줄 수 있도록 인도해 주십시오. 주님의 사랑을 전하고 나누는 우리 되게 해 주십시오. 우리 주 예수 그리스도의 이름으로 기도합니다. 아멘.

생각하라

생각 없이
살 까닭이
없는 이유.

인생이란
생각하기
나름이다.

그런데
생각은
공짜다.

생각으로
선해지고

생각으로
부해져서

생각으로
행복하다.

생각은
공짜지만
보물창고.

그러므로
보배로운
생각으로
살아가자.

생각 없이 또는
딴생각하면서
허송하지 말고.

딴생각
「1」미리 정해진 것에 어긋나는 생각.
「2」주의를 기울이지 않고 다른 데로 쓰는 생각.

허송(虛送)하다
하는 일 없이 시간을 헛되이 보내다.

의미 있는 생각으로
창의하고 상상하면
생각이 자라고

사람이 자란다.

창의(創意)
새로운 의견을 생각하여 냄. 또는 그 의견.

상상(想像)
「1」실제로 경험하지 않은 현상이나 사물에 대하여 마음속으로 그
려 봄.
「2」『심리』외부 자극에 의하지 않고 기억된 생각이나 새로운 심상을
떠올리는 일. 재생적 상상과 창조적 상상이 있다.

그러면
의미 있는 생각은
어디서 나오는가?

의미 있는 생각은 나 자신으로부터가 아니라
내 안에 계신 주님께 의지함으로 나온다는 것.
이것이 우리가 할 수 있는 '좋은 생각'.

(창6:5) 여호와께서 사람의 죄악이 세상에 관영함과 그 마음의 생각
　　의 모든 계획이 항상 악할 뿐임을 보시고
(창6:6) 땅 위에 사람 지으셨음을 한탄하사 마음에 근심하시고
(잠1:29) 대저 너희가 지식을 미워하며 여호와 경외하기를 즐거워하
　　지 아니하며

(잠1:30) 나의 교훈을 받지 아니하고 나의 모든 책망을 업신여겼음 이라

(잠1:31) 그러므로 자기 행위의 열매를 먹으며 자기 꾀에 배부르리라

(잠1:32) 어리석은 자의 퇴보는 자기를 죽이며 미련한 자의 안일은 자기를 멸망시키려니와

(잠1:33) 오직 나를 듣는 자는 안연히 살며 재앙의 두려움이 없이 평 안하리라

(잠2:1) 내 아들아 네가 만일 나의 말을 받으며 나의 계명을 네게 간 직하며

(잠2:2) 네 귀를 지혜에 기울이며 네 마음을 명철에 두며

(잠2:3) 지식을 불러 구하며 명철을 얻으려고 소리를 높이며

(잠2:4) 은을 구하는 것같이 그것을 구하며 감추인 보배를 찾는 것같 이 그것을 찾으면

(잠2:5) 여호와 경외하기를 깨달으며 하나님을 알게 되리니

(잠2:6) 대저 여호와는 지혜를 주시며 지식과 명철을 그 입에서 내심 이며

(잠2:7) 그는 정직한 자를 위하여 완전한 지혜를 예비하시며 행실이 온전한 자에게 방패가 되시나니

(잠2:8) 대저 그는 공평의 길을 보호하시며 그 성도들의 길을 보전하 려 하심이니라

(잠2:9) 그런즉 네가 공의와 공평과 정직 곧 모든 선한 길을 깨달을 것이라

(잠2:10) 곧 지혜가 네 마음에 들어가며 지식이 네 영혼에 즐겁게 될 것이요

(잠2:11) 근신이 너를 지키며 명철이 너를 보호하여
(잠2:12) 악한 자의 길과 패역을 말하는 자에게서 건져내리라

흥분과 분노

흥분과 분노에 대해서 생각해 보려고 합니다.
흥분은 두 가지가 있겠죠.

1. 기분이 좋아서 하는 흥분,
2. 기분이 나빠서 하는 흥분.

1번은 방종과 교만으로 흘러갈 수 있습니다.
2번은 분노와 교만으로 이어질 수 있습니다.

결국 흥분 대신 우리는 잠잠함을 택해야겠죠.

흥분(興奮)

「1」어떤 자극을 받아 감정이 북받쳐 일어남. 또는 그 감정.
「2」『의학』자극을 받아 생기는 감각 세포나 신경 단위의 변화. 또는
그로 인하여 일어나는 신체 상태의 변화.

보통 인생 기복과 감정 기복이
심한 사람이 흥분을 잘합니다.

분노(憤怒)

분개하여 몹시 성을 냄. 또는 그렇게 내는 성.

분노는 나에게는 후회를,
남에게는 상처를 가져다줍니다.

"노여움은 항상 어리석음에서 시작해 후회로 끝난다."
‒ 피타고라스

불의를 보고 단호한 것과 전혀 쓸데없는 자존심을
부리느라 분노하는 것은 명확히 구분해야겠지요.

분노는 소통의 방식이 아닙니다.
어리석은 자의 감정 분출일 뿐입니다.

분노는 바보들의
가슴속에서만
살아간다.
‒ 아인슈타인

우리가 흥분하고 분노하면
거기서 빠져나오기가
쉽지가 않습니다.

가장 현명한 것은
애초에 분을 품지
않는 것이겠지요.

분노는 일시적인 광기이다.
네가 분노를 억제하지 않으면
분노가 너를 제압할 것이다.
  – 호라티우스

지체해서 이득이 될 것은 아무것도 없다.
그러나 분노는 그렇지 않다.
  – 라틴 명언

누군가는 이렇게 조언합니다.

"분노에 의해서
자기 자신을 잃지 않으려면
다른 사람이 화를 내는 모습을
조용히 관찰해 보는 것이 좋다."

심하게, 격하게, 과하게
화내는 사람을 보면서
내 모습이 저랬겠구나,
생각하는 것이죠.

사람이 인생을 살면서
흥분과 분노를 참으면
관계에서도, 일에서도
열매를 맺을 것입니다.

그런데 우리가 평소에
일이 잘 풀리지 않거나
누군가와 심하게 다퉜거나
자존감이 너무 약하거나
우울감이 축적됐거나 하여
'분노 폭발 직전'일 때가
종종 또는 가끔 있습니다.

이때는 누구에게, 무엇에 대해서
분노하게 되는지는 별 상관이 없습니다.

이미 평소 자기 관리에 실패해서
분노에 취약해져 있기 때문입니다.

많은 사람들, 많은 사건들에서
나타나는 분노는, 이와 같은
'분노 폭발 직전'의 이들에게서
나오는 것일 수 있기 때문에
우리는 '평소의 평안'을 위해

자기 관리를 해야겠습니다.

흥분과 분노는
결국 습관입니다.

평안과 평화
역시 습관입니다.

만약 곧잘 흥분하고 분노했다면
이제 평안과 평화의 습관을
새로 들이면 됩니다.
그러다 보면 자연히 분을 내지
않는 자신을 보게 될 것입니다.

(잠14:17)노하기를 속히 하는 자는 어리석은 일을 행하고 악한 계교
　　를 꾀하는 자는 미움을 받느니라
(잠14:18)어리석은 자는 어리석음으로 기업을 삼아도 슬기로운 자는
　　지식으로 면류관을 삼느니라

하나님 아버지, 감사합니다

두 아이가 잠자기 전에 하는 기도의 처음이 참으로 흐뭇한 미소를 짓게 합니다.
"하나님 아버지, 감사합니다."

어젯밤에는 아빠에 대해 세 가지 기도를 올려 드리더군요.
"하나님, 우리 아빠, 일 잘하게 해 주시고, 재미있게 해 주시고, 오래 살게 해 주세요."

참으로 그렇게 되어야 하고, 그렇게 되고 싶은 저의 세 가지 꿈을 정확하게 기도에 담아내 주어서 속으로 깜짝 놀랐습니다. 성실/기쁨/건강이라는 저의 인생 소망이 자녀의 입을 통해서 하나님께 기원된다는 것에 감사를 올려 드리게 됩니다.

가족이 이같이 서로를 위해 기도해 줄 때 그 가정에는 반드시 회개와 결단과 진보가 있을 것입니다.

기도에 대해 생각해 보면, 매일 우리는 진정으로 기도를 올려 드려야 합니다. 주기도문만큼 좋은 모범은 없습니다.

*(마6:9)*그러므로 너희는 이렇게 기도하라 하늘에 계신 우리 아버지
여 이름이 거룩히 여김을 받으시오며

(마6:10) 나라이 임하옵시며 뜻이 하늘에서 이룬 것같이 땅에서도 이
루어지이다

(마6:11) 오늘날 우리에게 일용할 양식을 주옵시고

(마6:12) 우리가 우리에게 죄 지은 자를 사하여 준 것같이 우리 죄를
사하여 주옵시고

(마6:13) 우리를 시험에 들게 하지 마옵시고 다만 악에서 구하옵소서
(나라와 권세와 영광이 아버지께 영원히 있사옵나이다 아멘)

주기도문에 대해 생각해 봅니다.

*(마6:9)*그러므로 너희는 이렇게 기도하라 하늘에 계신 우리 아버지
여 이름이 거룩히 여김을 받으시오며

마태복음 6장 9절은 하나님의 거룩하심, 즉 존귀하심과 위대하심
과 놀라우심과 은혜로우심을 찬양함으로 피조물로서 겸손과 감
사로 드리는 기도입니다.

(마6:10) 나라이 임하옵시며 뜻이 하늘에서 이룬 것같이 땅에서도 이
루어지이다

마태복음 6장 10절은 이 세상 모든 역사 가운데 천하 만물을 주관
하시는 하나님과, 그분의 한시도 쉼 없는 통치하심을 믿음으로 고

백하는 기도입니다.

(마6:11) 오늘날 우리에게 일용할 양식을 주옵시고

마태복음 6장 11절은 생명을 유지할 양식을 하루도 빠짐없이 공급해 주시는 하나님께 매일매일 감사드리는 기도입니다. 참으로 우리가 하나님 품 안에서 살아감을 감사함으로 매일 기도해야 한다는 것을 잘 보여 주는 중요한 기도문입니다. '일용할 양식'은 곧 생명의 양식일 것입니다. 눈에 보이는 양식뿐 아니라, 눈에 보이지 않는 양식으로 우리를 살려 주십니다. 만나로 먹여 주시고, 말씀으로 먹여 주십시다. 일용할 양식은 하나님께서 우리에게 차고 넘치도록 부어 주시는 놀라운 은혜입니다. 값없이 은혜받는 우리는 감사할 수밖에 없습니다.

일용할 양식을 '우리'에게 주셨다는 것에도 주목해야 합니다. 만나와 말씀은 나와 내 가족뿐만 아니라 우리 모든 이웃에게 주시는 것입니다. 나 자신, 내 가족만 채워져야 하는 것이 아니라는 점을 '우리'는 놓치지 말아야 할 것입니다.

(마6:12) 우리가 우리에게 죄 지은 자를 사하여 준 것같이 우리 죄를 사하여 주옵시고

죄인인 우리가 사랑으로 서로 감싸고 용서해야 함을 기도하게 됩니다. 하루라도 사람들에 대해 마음속으로 죄 짓지 않고 살아가기가 힘든 우리에게 반드시 필요한 기도입니다.

(마6:13) 우리를 시험에 들게 하지 마옵시고 다만 악에서 구하옵소서
　(나라와 권세와 영광이 아버지께 영원히 있사옵나이다 아멘)

마태복음 6장 13절은 매일 죄와 싸우는 우리가 쉬지 않고 매일 올려야 하는 기도입니다. 온갖 죄의 유혹으로부터 승리하는 오늘이 되기를 간절히 소망하며 우리는 매일 악에서 구함 받기를 기도해야 합니다.
주기도문의 첫 절인 마태복음 6장 9절과 마찬가지로, 주기도문의 끝 절인 마태복음 6장 13절은 하나님의 거룩하심, 즉 존귀하심과 위대하심과 놀라우심과 은혜로우심을 찬양함으로 피조물로서 겸손과 감사로 올려 드리는 기도입니다. 나라와 권세와 영광, 즉 통치하시는 분은 하나님이요, 그 통치로 영광받을 분 역시 하나님이심을 믿음으로 선포하게 되는 것입니다.

예수님이 주기도문을 제시해 주시면서 기도의 길을 안내하셨을 때는 반드시 우리를 향한 목적이 있으실 것입니다. 주기도문 안에는 성경의 전부가 담겨 있는 것으로 보입니다. 놀라운 사랑이신 하나님의 거룩하심과 구원하심이 주기도문 안에 함축적으로 담겨 있습니다. 그와 함께 믿음과 사랑과 소망을 품은 그리스도인이 매일 주기도문으로 기도함으로 하나님께 나 자신과 나의 인생을 온전히 맡겨 드릴 수 있도록 안내해 주십니다.

성경의 전부를 담은 주기도문을 마음에 담고 응축해서 하나의 문장으로 뽑아내 기도한다면, 제 자녀들이 올리는 기도의 첫 문장과 같을 것입니다.

"하나님 아버지, 감사합니다."
"하나님 아버지, 감사합니다." 모든 것을 주관하셔서 감사하고, 우리를 사랑해 주셔서 감사하고, 우리를 구원해 주셔서 감사하고, 우리를 인도해 주셔서 감사할 따름입니다. 하나님의 놀라우신 은혜에 감사할 뿐입니다.

마음속 깊이 "하나님 아버지, 감사합니다."라고 기도를 올려 드렸을 때, 우리는 벅찬 기쁨과 소망으로 매일을 살아갈 수 있습니다.

특히, 삶이 막히고 기도가 막혔을 때, 주기도문으로 기도함으로써 예수님의 길을 따라야겠습니다. 아니, 매일 주기도문의 의미를 내 삶에 적용하며 주기도문을 따라 기도해야겠습니다.

예수님, 주기도문을 주셔서 감사합니다. 하나님 아버지, 생명이신 예수님을 이 땅에 보내 주셔서 감사합니다. 아멘.

광야에서

〈제보자들〉이라는 방송 프로그램을 보면
왜 저렇게 생활하는지 궁금해서 제보한
그 당사자들이 나오는데요.

그래도 잘 모르는 낯선 누군가에게
관심을 가져 주는 이들이 아직
많기에 훈훈하기도 합니다.

그러나 가족과 이웃의 관심과 도움을
한사코 거부한 채 특정한 행위로
대부분의 시간을 보내는 이들의
일상을 보면 안타까움이
밀려옵니다.

프로그램에는 정신과 의사나 상담사가 참여해
왜 그런지 알아내고자 대화를 시도하는데
보통 '자기만의 세계'에서 산다는
진단이 나옵니다.

상처가 깊어서 소통도 관계도 끊고
자기만의 세계로 들어가, 거기서
위안을 찾으려는 듯 보입니다.

그 작은 자기만의 세계에서 산다는 것이
닫힌 삶이자 갇힌 삶이라는 것도
생각하고 싶지 않아 보입니다.

안타까운 이들 각자의 사연을 보면서
우리의 '영혼이 닫히고 갇히는 삶'을
함께 생각해 보게 되었습니다.

우리 모두는 실은 저마다 구축해 놓은
자기만의 세계에서 나오지 않음으로
외로움과 괴로움으로 빠져든다는 것.

자의에 의해서든 타의에 의해서든
또는 양자 모두에 의해서든
만들어진 자기만의 세계는
때로는 환경, 때로는 상황,
때로는 성향, 때로는 취미,
때로는 직업, 때로는 목표를
잘못 인식하고 거기에 집착함으로
그것들을 거짓되고 그릇되게 이용하는 삶이지요.

자기만의 세계는 '영혼을 가두는
몹쓸 틀'과도 같아 보입니다.

인생은 이 자기만의 세계라는 틀을 깨고
자유의 날갯짓을 하는 여정일 것입니다.

자기만의 세계에는
오해와 편견과 욕심과 교만이
똬리를 틀고 있는 것 같습니다.

자기만의 세계에는
사랑의 관계가 없어 뵙니다.

자기만의 세계에서는
자기가 세상의 중심이
되기 때문이겠지요.

그러므로 나는 계속
자기만의 세계를 허물고
자기만의 세계에서 빠져나오고
자기만의 세계를 만들지 말아야 합니다.

주님의 손을 꼭 붙잡고
주님의 뜻에 전적으로

나를 맡겨 드리는 삶.

주님과 함께하는 삶을 살게 되는 그 은혜에 힘입어
슬픔과 아픔을 간직한 채 자기만의 세계에
갇혀 힘겹게 살아가는 가족과 이웃을
따뜻하게 끌어안아 줘야겠습니다.

이것이 하나님이 만드신 이 세상에서
우리가 복되게 사는 길일 것입니다.

참 웃음으로 함께
기쁨을 누리는 삶입니다.

광야에서 헤매는 영혼이 되지 않게 하시고,
광야에서 헤매는 영혼들을 인도해 주소서.

(눅9:23) 또 무리에게 이르시되 아무든지 나를 따라오려거든 자기를
   부인하고 날마다 제 십자가를 지고 나를 좇을 것이니라

오르막길

오르막길

이제부터 웃음기 사라질 거야 가파른 이 길을 좀 봐
그래 오르기 전에 미소를 기억해두자 오랫동안 못 볼지 몰라

완만했던 우리가 지나온 길엔 달콤한 사랑의 향기
이제 끈적이는 땀 거칠게 내쉬는 숨이 우리 유일한 대화일지 몰라

한걸음 이제 한걸음일 뿐 아득한 저 끝은 보지 마
평온했던 길처럼 계속 나를 바라봐줘 그러면 견디겠어

사랑해 이 길 함께 가는 그대 굳이 고된 나를 택한 그대여
가끔 바람이 불 때만 저 먼 풍경을 바라봐
올라온 만큼 아름다운 우리 길

기억해 혹시 우리 손 놓쳐도 절대 당황하고 헤매지 마요
더 이상 오를 곳 없는 그 곳은 넓지 않아서
우린 결국엔 만나 오른다면

한걸음 이제 한걸음일 뿐 아득한 저 끝은 보지 마

평온했던 길처럼 계속 나를 바라봐줘 그러면 난 견디겠어

사랑해 이 길 함께 가는 그대여 굳이 고된 나를 택한 그대여
가끔 바람이 불 때만 저 먼 풍경을 바라봐
올라온 만큼 아름다운 우리 길

기억해 혹시 우리 손 놓쳐도 절대 당황하고 헤매지 마요
더 이상 오를 곳 없는 그곳은 넓지 않아서
우린 결국엔 만나 크게 소리 쳐

사랑해요 저 끝까지

- 정인, 윤종신 | 2012 월간 윤종신 6월호
작사 윤종신 | 작곡 윤종신, 이근호 | 편곡 조정치

좋아하는 노래예요.
저는 이 노래를 들으면 이곳저곳의 가사에서 눈물이 맺힙니다.
어려웠을 때가 생각나서, 고마운 사람들이 떠올라서, 올라가는 장
면에서 벅차서….
힘들어서 벅찰 때도 있고 기뻐서 벅찰 때도 있는 것 같은데,
특히 사랑하는 사람들과 함께 올라가고 있다는 것을 생각하면 참
감동이 됩니다.

오늘 아침 이 노래를 또다시 들으며 두 가지의 산(山)에 대해 생각해보게 되었습니다.

하나는 제가 이미 올랐다가 내려온 산이고, 다른 하나는 지금 오르고 있는 산입니다.

첫 번째 산은 끊임없이 커다란 바위를 산 정상으로 굴려 올려야 하는 그리스 신화의 시지프스의 산과도 같았습니다.

'무엇을 해야 사람들에게 인정받을 수 있을까', '나는 왜 이 정도밖에 안 될까', '아, 또 실패했구나', '지친다. 이제 이런 일은 그만 하고 싶다', '아, 언제까지 이렇게 살아가야 하는 거지', '저 사람은 왜 이렇게 날 힘들게 하는 걸까', '내 마음은 왜 이렇게 괴롭고 공허한 걸까', '나는 왜 이리 못나고 못됐을까'….

삶의 목적을 전혀 몰랐기에 이 무거운 고민들을 스스로 쓸데없이 만들어내고 그러지 않아도 되는데 힘겹게 그것들을 떠안은 채로 인생의 즐거움을 모르고 살아왔습니다.

그러나 저는 지금 전혀 다른 산을 오르고 있습니다. 이 산의 꼭대기에는 너무나도 아름다운 꽃과 나무가 있고 언제든 마실 수 있는 물이 흐르고 있습니다.

더욱더 경탄할 일은, 이 산의 오르막길의 도처에는 산 정상에 있는 바로 그 꽃과 나무와 물이 이미 존재하고 있다는 사실입니다.

과거에는 이 진리를 모른 채 결코 해결될 수 없는 버거운 짐들을 지고, 사실은 올라가는 것도 아닌 밑도 끝도 없이 추락하는 "내리막길을 등산"하는 모순된 삶을 살아왔습니다.

그러나 저의 두 번째 등산은 "오르막길의 등산"입니다. 그 오르막길에서는 하나님이 사랑으로 나의 손을 잡아 이끌어주시고 또한 사랑하는 나의 가족과 이웃들이 나의 등을 토닥이며 격려해줍니다.

그래서 〈오르막길〉이라는 노래의 가사처럼 웃음기가 사라진 등산이 아닙니다. 미소 짓는 등산입니다.

그리고 "오르막길"의 마지막 가사처럼 "사랑해요 저 끝까지"라고 삶의 순간순간마다 사람들과 함께 환호성 치며 우리 각자 모두를 응원해주고 싶은 등산입니다.

여기서 우리의 끝이 무엇인지도 생각해보게 됩니다. 인생은 그저 덧없이 끝나고 마는 것일까요? 그렇지 않습니다. 하나님은 영원하신 분이시고 우리를 영원히 살도록 창조해주셨습니다.

하나님께서는 그 영원의 삶으로 우리를 인도해주시기 위해 그 사람이 누구든 상관하지 않으시고 손을 내밀어 기다려주고 계십니다.

우리를 만드셨고 우리를 사랑하시기 때문입니다.

이 하나님의 손을 잡기만 하면 우리는 신나는 등산을 할 수 있습니다. 개인적으로 성장하는 기쁨 그리고 함께하며 살아가는 즐거움을 만끽하게 되는 진정한 의미의 등산이기 때문이지요.

우리가 이 "진정한 등산(登山)"을 할 때에 우리가 오르고 있는 이 산(우리가 살아가고 있는 이 삶)은 사실 곳곳에 아름다운 꽃이 만발하고 깨끗한 생수가 흐르는 '감격의 산(감격의 삶)'임을 한 발 한 발 하나님의 인도하심으로 그 오르막길을 내딛을 때마다 감사와 기쁨으로 체험하게 되는 것입니다.

하나님 그리고 나의 가족과 이웃이 함께하기에 그토록 감격스럽고 기쁘고 감사할 수밖에 없는 것이지요.

때로는 힘들고 지치기도 하겠지만 그 고난도 축복이 됨을 믿고, 우리네 인생의 모든 오늘(오르막길)을 주님 손길에 이끌려 기쁨과 감사로 등산합시다. 그리고 그 "영원의 정상(천국)"에서 우리 다 함께 소리 높여 외칩시다.

"우리 다 같이 사랑하며 살았노라 그리고 영원히 함께 사랑하겠노라."

무시당했던 기억이 떠오를 때에는

어처구니없게 무시당한 기억은
잘 잊히지가 않습니다.

어처구니없다
일이 너무 뜻밖이어서 기가 막히는 듯하다. ≒ 어이없다.

이따금 그 말과 그 사람과 그 상황이 떠오릅니다.
그러면 당한 게 억울하고
제대로 응수하지 못했던
내 자신이 답답하고,
당한 게 자존심 상해
화가 치밉니다.

자존심(自尊心)
남에게 굽히지 아니하고 자신의 품위를 스스로 지키는 마음.

이처럼
무시를 당하면
상처가 오래갑니다.
긍휼로써 나를 무시한

상대방을 용서하는 것이
주님이 가르쳐주신 사랑의 길이며,

긍휼(矜恤)
불쌍히 여겨 돌보아 줌.

그 길만이 상처 치유와
관계 회복의 길임을
너무도 잘 알지만,
알고 있는 바대로
행하는 게 쉽지가 않습니다.

그러나 기억이 되살아나는 그때
무시당한 나와 무시한 그를 생각지 않고
지금 내 마음을 바라보고 계신 하나님을 생각한다면요?

완악한 나는,
하나님의 주관하심과 하나님의 뜻하심을
생각하고 있지 않습니다.

완악(頑惡)하다
성질이 억세게 고집스럽고 사납다.

완악한 나는,

하나님의 사랑하심과 용서하심을
생각하고 있지 않습니다.

완악한 나는,
하나님을 경외하고 있지 않습니다.

경외(敬畏)**하다**
공경하면서 두려워하다.

그러므로
어이없게 무시당했던
그때가 자꾸만 기억난다면,

그 기억에 반응하는
나의 모습을 바라보고 계실
하나님을 공경하면서 두려워해야겠습니다.

교만하게 자존심을 부릴 일이 아니라
겸손하게 지존자를 바라볼 일입니다.

(신8:5) 너는 사람이 그 아들을 징계함같이 네 하나님 여호와께서 너
　　를 징계하시는 줄 마음에 생각하고
(신8:6) 네 하나님 여호와의 명령을 지켜 그 도를 행하며 그를 경외
　　할지니라

업 / 다운

하나님의 은총이 사람에게 이르면, 비로소 그 사람에게는 모든 일을 제대로 해낼 수 있는 힘이 생긴다. 그러다가 하나님의 은총이 물러가면, 그 사람은 금방 가난하고 연약해지며, 채찍질이나 받기 위해 살아남는 꼴이 되고 만다.

하지만 이러한 경우를 당해도 그대는 좌절하거나 실망하지 말고, 하나님의 뜻에 따라 마음을 안정시키고, 예수 그리스도의 영광을 위하여 잘 참아야 할 것이다. 겨울이 지나면 여름이 오고, 밤이 지나면 낮이 오고, 폭풍우가 지나면 평온한 날이 찾아오게 마련이다.

─ 『그리스도를 본받아』 (토마스 아 켐피스 지음, 조항래 옮김, 예찬사)

신앙생활에는 기복이 있지요.
인간이 일관될 수는 없을 테니까요.

그러나 여기에는 함정이 있을 수도 있습니다.

"신앙생활에는 기복이 있을 수밖에 없지."

뉘앙스가 그저 약간 다른 듯하지만
엄청난 차이가 생길 수 있습니다.

이 말에는 무책임과 변명이
끼어들 수 있기 때문입니다.

그때는 위 책에서 설명한 대로
하나님의 은총이 물러갈 것입니다.

정확히 말하자면, 은혜는 언제나 있으되,
내가 은혜로부터 떨어져 나간 것이겠지요.

그래서 우리는 신앙생활에 기복이 없도록
죄의 함정에 빠지지 않게 주의해야겠습니다.

만약 내가 신앙생활에 기복이 있다 해도
신앙생활을 하고 있는 다른 사람들에게
꼭 그 사실을 말해야 할지도
숙고해 봐야겠습니다.

요즘 신앙생활이 침체되어 있고,
때로는 정말 형편없다고 하는 그 말이
과연 격려와 위로와 권면이 될지를 말입니다.

오히려 신앙생활을 하는 우리는
'다운(down)'되는 말들을 늘어놓기보다는
기도로 즉 겸손과 회개로 '일어섬(up)'으로써

그 기쁜 도전과 성취의 이야기를 나누어야겠지요.

요즘 나의 신앙생활을 살펴봐야겠습니다.
지금 나에게 필요한 것은 기도뿐입니다.

(벧전5:8)근신하라 깨어라 너희 대적 마귀가 우는 사자같이 두루 다
　　니며 삼킬 자를 찾나니
(벧전5:9)너희는 믿음을 굳게 하여 저를 대적하라 이는 세상에 있는
　　너희 형제들도 동일한 고난을 당하는 줄을 앎이니라
(벧전5:10)모든 은혜의 하나님 곧 그리스도 안에서 너희를 부르사
　　자기의 영원한 영광에 들어가게 하신 이가 잠깐 고난을 받은 너
　　희를 친히 온전케 하시며 굳게 하시며 강하게 하시며 터를 견고
　　케 하시리라

나의 마음이...

우울 & 울부짖음

언제 우울한가요?

앞날에 무슨 일이 일어날지 아득할 때,

지금 하고 있는 일이 과연 잘될까, 불현듯 불안과 의심이 엄습해올 때,

몸이 아프거나 체력적으로 지쳐서 걸을 기운조차 없을 때,

낮잠을 자고 텅빈 집에서 홀로 깼을 때,

혼자 고민하고 밥 먹고 청소하는 나를 문득 돌아볼 때,

무기력해져서 그냥 짜증 나고 아무것도 하고 싶지 않을 때,

내가 저이에게 저 아이에게 이렇다 할 역할을 못하는 존재라는 생각
이 들 때,

내가 무능력하고 보잘것없다고 느껴질 때,

무시당하고 상처받았던 나, 자신감 없는 내가 싫어질 때…

그러나, 잠시라도 우울해지면 덜컥 겁을 내며 내 인생에 큰일이라
도 날 것처럼 느낄 필요가 있을까요?
어쩌면 인간이란 어쩔 땐 서서히, 어쩔 땐 갑자기 우울해질 수 있는
존재라는 것을 인정해야 하지 않을까요. 아픔과 늙음과 어려움 가
운데서 늘 밝은 얼굴을 하고 있을 수만은 없을 테니까요.

그렇다면 우울증의 대처법은요.
거울을 보면 좋겠습니다.
우리는 있는 그대로의 나를 있는 그대로 보기를 주저하거나,
있는 그대로 볼 줄을 모르지만
직시하고 직면할 줄 알아야 합니다. 나를 피하지 말아야 합니다.

있는 그대로를 보는 사람은 우울의 원인도 쉬 알 수 있을 것입니다.
인간은 고독한 존재라지만, 실은 인간은 결코 외롭지 않습니다.
사랑의 하나님이 언제나 함께하시는데 외롭다니요.
오히려 인간이 외로운 것은, 우리가 하나님 앞에 나아가 엎드려 울
부짖지 않아서입니다. 그분을 만나서 나 자신을, 내 마음을 후련히
털어놓지 않기 때문입니다.

(마5:4) 애통하는 자는 복이 있나니 저희가 위로를 받을 것임이요

하나님은 우리가 위로받으려면 애통해하라고 하십니다.
애통은 '거룩한 슬픔'입니다. 통곡의 자복입니다.
나의 본모습을 울부짖음으로 고백하면서 회개함으로
하나님께 나의 힘듦과 어려움과 지침, 외로움을 털어놓는 것입니다.

그러나 우리는 하나님께 울부짖지 않고 스스로 삭히려고만 합니다.
혹은 사람에게 기대거나 사람 탓을 하려고 합니다.
그러나 하나님을 찾지 않는 자는 무표정하거나 냉정하거나 무기력
한 낯빛을 띨 수밖에 없습니다.

하지만 한바탕 하나님 앞에서 울고 나면 고통이 해소되고 살 힘이
솟습니다.
나는 하나님 품 안에 있는 자녀, 하나님 나라에 속한 백성이기 때문
에 결코 외롭지도 두렵지도 않다는 깨달음이 생기기 때문입니다.

그러므로 우울증에 필요한 것은 울부짖음입니다.
눈물은 하나님이 우리에게 주신 선물입니다.
우리는 참회하며 회개의 눈물을 흘리면서 회복됩니다.

주님 품에서 흐느껴 울 때
등을 쓸어내려 주시며
괜찮다, 사랑한다, 말씀해주시는
그분 손길은 언제나 따뜻합니다.

Chaper 2

나의 선택이...

같은 물을 먹어도

간만에 즐겨 보는 드라마가 생겼습니다.
〈슈츠(Suits)〉.
본 방송을 다 챙겨 보고 있습니다.

법적 다툼이 벌어지는 현장만큼
사람의 이기심이 적나라하게
드러나는 곳이 또 있을까요?

사기, 거짓말, 폭력, 위장, 위선, 탐욕, 폭압….
그야말로 변호사들의 세계에서는
진흙탕 싸움이 벌어지죠.

무엇이 선이고, 무엇이 악인지,
무엇이 옳고, 무엇이 그른지
판단하기 어렵습니다.

그래서 저는 개인적으로 변호사라는 일이
참 난해한 직업이라 생각합니다.
법적 판단이라는 것이 결국은 증거를 통해
이루어지는 것이기 때문에 더더욱 그렇겠죠.

하지만 진흙탕 싸움 가운데서도 사리를 분별하고
진실을 가려내 피해자를 도우면서
사회 정의 수준을 올리는 변호를 한다면,
그 변호사는 참으로 귀한 일꾼이지 싶습니다.
어제는 〈슈트〉에서 명대사를 만나 무릎을 쳤습니다.

"같은 물을 먹어도 소는 우유를 만들어 내고, 뱀은 독을 만들어 낸다."

변호사도 소 같은 변호사가 있고,
뱀 같은 변호사가 있겠죠.
변호사뿐이겠습니까?
모든 직업에서 그렇겠죠.

실로 우리는 똑같은 상황, 똑같은 환경에 놓여 있어도
저마다 다른 결과를 이끌어 냅니다.
원인 없는 결과란 존재할 수 없으니
애초부터 잘못된 의도를 가지고 일을 시작했다면
반드시 잘못된 결과가 나올 수밖에 없겠지요.

또한 독을 만들어 내서 사익을 얻게 되면,
습관처럼 독을 만들다가,
아예 독을 만들어 내는 그 일이
자신의 업(業)이 되고 말죠.

나는 어느 편에 속할까요?

나는 언제 어디서나 유익을 만들어 내는 자일까요?

혹시 독을 전염시키면서 악을 퍼뜨리는 일을 하고 있지는 않은지,

늘 스스로를 경계해야 합니다.

(마6:24) 한 사람이 두 주인을 섬기지 못할 것이니 혹 이를 미워하며
　　저를 사랑하거나 혹 이를 중히 여기며 저를 경히 여김이라 너희
　　가 하나님과 재물을 겸하여 섬기지 못하느니라

(요일2:15) 이 세상이나 세상에 있는 것들을 사랑치 말라 누구든지
　　세상을 사랑하면 아버지의 사랑이 그 속에 있지 아니하니

(요일2:16) 이는 세상에 있는 모든 것이 육신의 정욕과 안목의 정욕
　　과 이생의 자랑이니 다 아버지께로 좇아온 것이 아니요 세상으
　　로 좇아온 것이라

(요일2:17) 이 세상도, 그 정욕도 지나가되 오직 하나님의 뜻을 행하
　　는 이는 영원히 거하느니라

고통은 하나님께 닥친 것

술꾼인 데다 도벽까지 있었지만 '모든 가르침과 공급은 오직 하나님께만 구해야 한다.'는 것을 깨닫게 된 영국의 목회자 조지 뮬러 (1805-1898)는 30명의 고아로 '고아 사역'을 시작해 죽기까지 300만 명에게 복음을 전했다고 합니다.

전심으로 기도하여 5만 번의 기도 응답을 받았다고 하는 조지 뮬러. 그가 하나님의 뜻을 알고, 하나님의 뜻에 순종하고자 하는 이들에게 주는 신앙의 지혜가 있습니다. 『먼저 기도하라』(조지 뮬러 지음, 유재덕 옮김)에 나오는 내용인데, 너무 좋아서 함께 나눕니다.

첫째, 무엇보다 먼저 당면한 문제에 관해서 마음을 비운다. 대부분의 문제는 마음을 비우고 하나님의 뜻을 따르려고 하는 순간에 해결되기 마련이다. 마음을 비우기만 하면 하나님은 분명히 우리에게 당신의 뜻을 일러주신다.

둘째, 그다음에 그 결과를 감정이나 생각에 맡기지 않는다. 그랬다가는 미혹될 수 있기 때문이다.

셋째, 계속해서 성령님의 뜻이 무엇인지 확인한다. 성령님과 말씀은 서로 연결되어 있다. 말씀 없이 성령님을 바라보면 커다란 미혹에 빠질 수 있다.

넷째, 상황을 통해서 인도하는 하나님의 섭리를 바라본다. 하나님은 말씀과 성령님과 더불어 상황을 통해서 자신의 뜻을 드러내신다.

다섯째, 하나님의 뜻을 알려주시기를 하나님께 기도한다.

여섯째, 이렇게 하나님께 기도하고 말씀을 연구하고 묵상함으로써 내 지식과 능력을 다해서 지혜로운 판단을 하게 된다. 두세 번 기도해서 마음이 계속 평안하면 그 즉시 실천에 옮긴다. 문제가 사소하거나 중요하거나 모두 이런 방법을 활용한다.

조지 뮬러는 목회의 어려움이 안겨 주는 슬픔과 좌절 덕분에 쓰러지기 직전까지 간 적도 있다고 합니다. 경제적인 어려움도 숱하게 겪었지만, 고아원 아이들이 끼니를 제대로 못 먹고 학대를 받고 있다는 소문이 퍼졌을 때 너무나 힘들었다고 하네요.

고통에 대해서 생각해 볼까요? 우리는 모두 다 한 명도 빠짐없이 누구나 고통을 겪습니다. 각자의 고통은 몸의 고통이든 마음의 고통이든 저마다 다르겠지만요. 이와 관련해 조지 뮬러의 저서 『먼저 기도하라』를 보면서 가슴속에 와 닿은 내용이 있는데, 이 역시 그 내용이 너무 좋아서 함께 나누고 싶습니다. 인생의 핵심을 꿰뚫는 말씀이거든요. 이 내용의 제목은 '고통은 하나님께 닥친 것'입니다.

고통은 하나님께 닥친 것

(감당하기 어려운 시련들이 닥칠 때) 나는 하나님의 약속을 믿었고, 내 영혼을 하나님 앞에 내려놓았다. 나는 평안하게 무릎을 펴고서 일어날 수 있었다. 그런 고통은 내가 아니라 하나님께 닥친 것이었기 때문이다. 이처럼 주님을 의지하는 것은 내게만 주어진 특별한 선물이 아니고, 여러분을 비롯한 모든 성도 역시 동일하게 기대할 수 있다.

'고통은 하나님께 닥친 것'이라는 이 말씀을 읽으면서 부모로서 자식의 고통에 대해 생각해 보았습니다. 부모라면 자식이 아프면 대신 아파 주고 싶죠. 자식의 고통은 결코 자식의 고통이 아닙니다. 자식의 고통은 바로 나 자신의 고통입니다.

사람이 이럴진대 하나님은 오죽하실까 하는 생각이 들었습니다. 그러니 '고통은 하나님께 닥친 것'이죠. 긍휼과 자비와 사랑으로 하나님은 우리의 고통을 바라보고 계십니다. 안타까워하시고 아파하고 계십니다.

그러나 우리가 그 고통을 통해 역사하시는 하나님을 만난다면, 하나님과 진정으로 교제하고 있다고 말할 수 있을 것입니다. 이러한 하나님과의 교제를 통해 우리를 연단하셔서 크게 쓰시려는 하나님의 뜻을 우리가 깨달았을 때 비로소 우리는 하나님의 일을 하게 될 것입니다.

그러므로 '모든 것을 주관하시는 하나님'을 우리는 오늘 만나야 합니다.

하나님과의 교제를 통해 장성하고 성화하고 전도하는 우리를 보시고 기뻐하시는 하나님께 감사와 찬양과 영광을 올려드립니다.

(애3:32)저가 비록 근심케 하시나 그 풍부한 자비대로 긍휼히 여기실 것임이라

(애3:33)주께서 인생으로 고생하며 근심하게 하심이 본심이 아니시로다

(약5:11)보라 인내하는 자를 우리가 복되다 하나니 너희가 욥의 인내를 들었고 주께서 주신 결말을 보았거니와 주는 가장 자비하시고 긍휼히 여기는 자시니라

(약5:13)너희 중에 고난당하는 자가 있느냐 저는 기도할 것이요 즐거워하는 자가 있느냐 저는 찬송할지니라

복리(福利) 이자

행복의 조건이 무엇일까요?

내가 현재 처한
상황에 감사하는 것이죠.

내가 있는 이곳,
내가 함께하는 사람들,
내가 하는 일에 감사하는 것입니다.

건강한 마음으로, 건실한 자세로
집착하지 않고 얽매이지 않고
욕심 내지 않고 이기적이지 않게
성실하고 자유롭게 사는 것.

이것이야말로 행복한 삶의 모습이겠죠.

한 사람이 행복하면 주변 1.5㎞ 반경에 있는
지인들이 행복할 확률이 25% 증가한다고 합니다.

그렇다면 지인들 가운데 또 다른 한 사람이 행복하면

지인들이 행복할 확률은 더 높아지는 것이죠.

이렇게 행복이 복리이자처럼 퍼져 나가니까
결국 사람들이 행복할 확률은 계속 커집니다.

나 한 명의 삶의 자세가 이처럼 중요합니다.

인간사가 서로 연결되지 않은 것이 하나도 없으니
모두가 행복을 전달하며 서로 행복지수를 높인다면
가정/학교/직장/교회가 행복해지는 것은 시간문제겠죠.

오늘 나는 몇 명의 행복지수를 높일 수 있을까요?
이렇게 생각하니 '오늘 행복한 내 모습'이
더욱더 기대되네요.

(신33:29) 이스라엘이여 너는 행복자로다 여호와의 구원을 너같이 얻
    은 백성이 누구뇨 그는 너를 돕는 방패시요 너의 영광의 칼이시
    로다 네 대적이 네게 복종하리니 네가 그들의 높은 곳을 밟으리
    로다

창조적 발명 & 창조적 인생

자본주의는 실로 '창조성'과 떼려야 뗄 수 없는 관계입니다. 창조적 발명과 함께 자본주의는 변화를 거듭해 왔죠. 전구, 자동차 같은 위대한 발명품들은 인류의 삶에 지대한 영향을 미쳤습니다.

그런데 발명이 창조적이라고 해서 그로 인해 인생이 창조적이 된다는 등식이 늘 성립하는 것은 아닙니다. 인류의 라이프스타일에 획기적인 변화를 일으킨 스마트폰이 대표적인 사례입니다.

본래 기발한 발명품들은 시간과 에너지를 절약해 주는데, 스마트폰은 사용자에 따라 그 양상이 확연히 달라집니다.

스마트폰은 손 안에서 모든 것이 이루어진다는 점에서 획기적이죠. 그런데 콘텐츠가 문제입니다. 온갖 콘텐츠를 스마트폰으로 이용할 수 있다 보니 시간과 에너지 낭비가 이만저만이 아닙니다. 인생에 유익하지 않은 것들을 보느라 삶을 허비하는 것이죠.

저도 그 폐해를 익히 경험해 본 터라 스마트폰에 대해서만큼은 나름의 사용법이 있습니다. 통화/카톡(주로 업무용)/칼럼 읽기 외에는 거의 사용하지 않는 것입니다.

스마트폰은 컴퓨터를 축소시킨 것입니다. 본래는 컴퓨터가 더 유의할 도구였죠.

당연히 컴퓨터로도 온갖 콘텐츠를 볼 수 있습니다. 그래서 컴퓨터에 대해서도 나름의 사용법이 있습니다. 컴퓨터로는 딱 업무만 봅니다.

사실상 컴퓨터와 스마트폰이 사회문화를 장악한 터라 지혜 없이 사용하면 인생을 빼앗깁니다. 정확히 말하면, 영혼을 빼앗깁니다.

스마트폰과 컴퓨터로 특히 뉴스를 많이 보는 것 같은데 저는 종이신문을 고수합니다.

종이신문은 기사의 배열을 봐 가며 선택해서 기사를 읽을 수 있으니까요. 특히 칼럼과 사설은 생각을 하게 하죠.

스마트폰이나 컴퓨터로 뉴스를 읽으면 결국 단편/단면을 쪼개서 읽게 됩니다. 반면, 종이신문은 구조적으로 보게 합니다.

전자책과 종이책도 동일한 차이를 보입니다. 실물과 촉각의 힘을 결코 무시할 수 없죠. 화면에 반사되는 글을 찬찬히 읽기란 굉장히 어렵고 버겁죠.

스마트폰의 해악이 어디 어른에게만 있을까요? 청소년들을 보면

갑갑하고 답답합니다. 어린아이들도 마찬가지죠. 부모의 책임이 큽니다.

게임과 동영상, SNS로 허비하는 시간과 에너지가 어마어마합니다. 사실 스마트폰은 전 세계적 도구라 그 장단점의 규모가 막대합니다.

스마트폰만큼 아이러니한 도구가 또 있을까 싶을 정도입니다. 문제는 사람들이 이 점을 별로 생각하지 않은 채 그저 터치만 계속하고 있다는 것입니다.

한번 쇼핑을 예로 들어 볼까요? 그 물건이 필요한지, 내게 어울리는지는 관찰과 고민을 요하는 일인데 빠른 터치와 결제로 순식간에 주문 완료.

뉴스가 됐든, 쇼핑이 됐든 생산적 소비가 이뤄져야 하는데 '낭비적 소비'가 가벼운 댓글과 가벼운 터치로 어디서건 쉼 없이 이루어진다는 게 안타깝습니다.

발명가가 무엇을 기획했든지 각각의 발명품은 사용자가 주도적으로 스스로 창조적 인생을 살도록 지혜롭게 사용해야 할 것입니다.

정말, 문제는 늘 콘텐츠입니다. 사람들이 욕심과 이기심에 눈이 멀어 해로운 콘텐츠를 너무나 많이 만들어 냅니다.

우선, 나만의 스마트폰 사용법부터 창조적으로 개발해 봅시다.
나만의 컴퓨터 사용법도 당연히 개발해야 합니다.

이 모두가 다 창조적 인생을 살기 위해서죠.

창조는 휴식이 필수죠.

스마트폰과 상관없이 보내는 시간을 더 늘려 나가야겠습니다.

P.S.
눈이 시리거나 자세가 불편하면 스마트폰으로 칼럼 '본문 듣기'를
해 보세요. 기계음이기는 하지만, 듣기에 어색하지 않습니다.

(롬12:2) 너희는 이 세대를 본받지 말고 오직 마음을 새롭게 함으로
변화를 받아 하나님의 선하시고 기뻐하시고 온전하신 뜻이 무엇
인지 분별하도록 하라

회개탄력성

회복탄력성은 '크고 작은 다양한 역경과 시련과 실패를 오히려 도약의 발판으로 삼아 더 높이 튀어 오르는 마음의 근력'을 의미합니다. 물체마다 튀어 오르는 탄성이 다르듯 사람에 따라 탄성이 제각기 다릅니다. 역경으로 인해 밑바닥까지 떨어졌다가도 강한 회복탄력성으로 다시 튀어 오르는 사람들은 대부분 원래 있던 곳보다 더 높이 올라갑니다.

지속적인 발전이나 커다란 성취를 이뤄 낸 개인이나 조직은 실패나 역경을 딛고 일어섰다는 공통점이 있습니다. 불행한 사건이나 역경에 어떠한 의미를 부여하느냐에 따라 불행해지기도 하고 행복해지기도 합니다. 세상일을 긍정적으로 받아들이는 습관을 들이면 회복탄력성은 놀랍게 향상됩니다.

회복탄력성 지수 KRQ-53 (*Korean resilience quotient*)가 있습니다. 스스로의 감정과 충동을 잘 통제할 수 있는 자기조절력, 주변 사람과 건강한 인간관계를 맺을 수 있는 대인관계력, 긍정적 정서를 유발하는 습관인 긍정성이라는 3가지 요소로 이루어져 있습니다. 이는 아래와 같이 각각 3가지 하위 요소를 지녀, 회복탄력성 지수는 총 9가지 요소로 구성됩니다.

자기조절력 = 감정조절력 + 충동통제력 + 원인분석력
대인관계력 = 소통능력 + 공감능력 + 자아확장력
긍정성 = 자아낙관성 + 생활만족도 + 감사
출처: 위키피디아

살아 보면 이 회복탄력성이야말로 위기관리, 인생관리의 기본임을 깨닫게 됩니다. 아무리 바닥을 쳐도 회복탄력성이 높으면 복구가 빠릅니다. 오히려 바닥을 쳤던 그 경험을 토대로 놀라운 새 역사를 인생에서 써 나가기도 하죠.

이 회복탄력성은 자존감과 밀접한 연관이 있을 것입니다. 자신이 특별하고 소중하며 가치 있는 존재임을 자각하는 사람은 아무리 어려운 상황이라도 금세 자신감을 회복해 난관을 헤쳐 나갈 것입니다.

회복탄력성이 있는 사람은 잠깐 자존감과 자신감이 떨어졌다가도 오뚝이처럼 금방 몸과 마음을 추스르고 자기 자신을 다시 일으켜 세울 수 있습니다.

그런데 인생에 기복이 없는 사람이 어디 있겠습니까? 그 기복 가운데서 무슨 마음을 먹고 무슨 행동을 하느냐가 중요하겠지요.

물론 그리스도인의 삶은 '전적으로 기복의 폭을 줄여 나가는 삶'이어야 할 것입니다.

우리가 가장 바닥을 쳤을 때가 언제입니까? 믿음 없이 세상적으로 살았을 때죠. 사업이 망하고 직업을 잃고 몸이 힘들었을 때가 우리 인생의 가장 밑바닥이 아니라는 것입니다. 그리스도인들은 이 점을 결코 잊지 말아야 할 것입니다.

그렇습니다. 우리는 믿음을 선물받고 하늘로 향하는 탄력을 받았습니다. 그럼에도 불구하고 삶에서 기복은 여전히 존재합니다. 인간의 한계입니다. 인간의 부족입니다. 인간의 연약입니다. 나의 한계, 나의 부족, 나의 연약입니다.

그러나 그리스도인은 회개할 수 있게 되었습니다. 무엇이 진리인지 몰라 인생 목적 없이 살면서 죄를 짓고 방황하던 자가 회개할 수 있게 된 것은 그야말로 놀라운 은혜 아닙니까?

그리스도인에게는 높은 회복탄력성이 요구될 텐데, 회복탄력성은 우리에게는 '회개탄력성'으로 불려야 할 것입니다. 실수와 실패의 늪에서 우리를 건지는 것이 회개이기 때문입니다.

회개의 의미에 대해서는 국립국어원 표준국어대사전에 아주 잘 나와 있네요.

회개(悔改)
「1」잘못을 뉘우치고 고침.
「2」『기독교』신앙생활로 들어가는 데 필요한 요건의 하나. 살아온 삶이 잘못되었음을 자각하여 죄인임을 반성하고 그로부터 벗어나려는 뜻을 세워 새로운 생활로 들어가는 일을 이른다.

잘못을 진정으로 뉘우친 사람은 생활이 변화할 수밖에 없습니다. 그 죄, 그 악이 끔찍이도 싫은데 사람이 바뀌지 않을 수가 없지요. 혹시라도 반성만 하고 변화는 없다면, 그 반성이 제대로 한 반성인지 살펴보아야 할 것입니다.

불편과 불안에서 잠시 피하고자 하는 심산이었다면, 진정한 회개에 이를 때까지 다시, 또다시 반성을 해야 합니다. 내가 저지른 그 죄의 유혹에서 벗어날 때까지 계속 회개해야 합니다. 그래서 내 자신이, 내 인생이 고쳐져야 회개한 것이겠죠.

특정한 죄에 대해 회개한다고 기도하면서도 그 특정한 죄의 유혹에 계속 시달릴 때 결국 하나님께 이 회개마저 의지해야 함을 절실히 깨닫게 됩니다.

"하나님, 진정으로 회개하게 해 주세요. 저를, 제 삶을 변화시켜 주세요."

나는 그저 간절히 기도할 뿐이고, 하나님의 권능에 의해서만이 고쳐질 수 있다는 믿음으로 나의 삶을 하나님께 전적으로 맡겨 드리면 마음에 평안이 찾아옵니다.

비로소 회개를 통한 회복이 이루어진 것입니다. 변화가 시작된 것입니다.

우리는 이 생에서 숨이 다하는 그 순간까지 이 회개탄력성을 유지, 강화해 주시기를 하나님께 호흡하듯 간구해야 할 것입니다. 물체는 스스로 탄력을 지니고 있을지 몰라도, 인간은 하나님이 회복시켜 주셔야 비로소 일어설 수 있기 때문입니다. 그러므로 나이 듦에 따라 믿음의 분량이 장성하여 우리가 이 땅에서의 생을 마치는 순간, 최고조의 회개탄력성으로 일어나 주님 뵙기를 열정을 다해 소망해야 할 것입니다.

하루에도 우리는 수많은 회개를 해야 합니다. 감사한 것은, 하나님께서는 하루에도 너무나 많은 죄를 저질러서 일일이 회개하기를 잊었을 때에도 하나님의 놀라우신 방법으로 회개의 길로 이끌어 주신다는 것입니다. 이렇게 하나님께서 회개하도록 생각과 마음을 이끌어 주시는 그 놀랍고 감사한 은혜를 자주 경험합니다.

그렇습니다. 우리는 회개의 길로 인도해 주시는 하나님께 감사하며 순종해야 합니다. 그러면서 하나님 편으로 더 올라서고, 하나님 뜻대로 더 올라서는 일을 한시도 멈추지 말아야 합니다. 그 성장과 성숙을 한시도 게을리 하지 말아야 합니다.

회개탄력성은 하나님 앞에서의 정직/겸손/감사를 알고 행하는 자만이 사용할 수 있는 은혜의 선물입니다.

우리 믿는 자들에게 주시는 이 회개탄력성을 정직/겸손/감사로 누리며 나아가는 우리 되기를 간절히 소망합니다.

그리하여 폭우가 쏟아지고, 한파가 몰아치는 시련의 계절에도 오로지 곧 다가올 화사한 봄날(Spring)을 소망하며 강건한 용수철(Spring)처럼 튀어 오르기를 바랍니다.

(계3:19) 무릇 내가 사랑하는 자를 책망하여 징계하노니 그러므로 네가 열심을 내라 회개하라
(계3:20) 볼지어다 내가 문 밖에 서서 두드리노니 누구든지 내 음성을 듣고 문을 열면 내가 그에게로 들어가 그로 더불어 먹고 그는 나로 더불어 먹으리라

주일 성수

(창2:2) 하나님의 지으시던 일이 일곱째 날이 이를 때에 마치니 그
   지으시던 일이 다하므로 일곱째 날에 안식하시니라
(창2:3) 하나님이 일곱째 날을 복 주사 거룩하게 하셨으니 이는 하나
   님이 그 창조하시며 만드시던 모든 일을 마치시고 이 날에 안식
   하셨음이더라

주일을 거룩하게 지키는가? 나에게 던져야 하는 질문입니다.
'주일 성수'라는 말의 의미를, 단지 '주일에는 교회에 간다.'로 축소
하는 제 자신을 발견하게 됩니다.

예배하는 마음으로 육 일을 살고, 일곱째 날에 예배를 드리며 지난
육 일을 돌아보고 새로운 육 일을 살 힘을 얻어 가야 할 텐데, 그러
려면 안식일을 온전히 안식일답게 보내야 하는데….

아마도 주일이 경건하지 못한 것은, 이미 그 전 육 일 동안 경건하
지 못했기 때문일 수 있습니다. 불경건의 연속선상에서 벗어나지
못하는 것이죠. 일종의 '인생 관성의 법칙'이랄까요.

육 일 동안 천지 만물을 창조하신 하나님은 일곱째 날에 복을 주사
거룩하게 하셨으며 안식하셨습니다. 하나님의 형상 따라 지으심 받

은 우리는 이러한 하나님의 뜻하심을 알고 따라야 할 것입니다.

그리스도인으로 산다는 것은 한마디로 거듭남의 인생을 사는 것일 텐데, 『나이 듦이 고맙다』(김동길 지음)에는 이 '거듭남'의 의미가 명료하게 설명되어 있습니다.

"거듭난다는 것은 마치 썩어 가던 식물이 다른 땅에 옮겨짐으로 그 뿌리부터가 새로워지는 것을 의미합니다. 그래서 돋아나는 잎부터 달라지는 것, 생각하는 방식이 바뀌고 마음가짐이 달라져 완전히 새로운 사람이 되는 게 거듭남이요 변화입니다."

우리는 타성에 젖어서 구태의연하게 사는 것이 아니라, 하나님이 새롭게 살게 해 주신 그 창조의 능력에 힘입어 매일 매일 창조적인 삶을 살아야 합니다. 그것이 거듭남이고 변화입니다. 육 일 동안 매일을 창조하며 살다가 일곱 번째 되는 주일에 그 창조의 시간들을 돌아보며 또 새로운 창조의 시간들을 기대해야 하는 것입니다.

그렇지 않고서, 변화하기는커녕 뿌리부터 흔들리면 창조는 고사하고 퇴보하기만 합니다. 그래서 신앙생활에는 매일 한 걸음씩 새로운 발걸음을 내딛는 마음으로 창조적인 인생을 살아야겠다는 생의 뚜렷한 목적이 있어야 합니다. 그렇게 우리는 창조적으로 나이가 들어가야겠죠.

나이가 들수록 우리는 더욱더 선하고, 더욱더 이롭고, 더욱더 담대하고, 더욱더 강건하게 변화되도록 창조적인 인생을 살아야 할 것입니다. 『나이 듦이 고맙다』에 보면 '나이 듦'의 의미 또한 명확하게 설명합니다.

(고후5:17)그런즉 누구든지 그리스도 안에 있으면 새로운 피조물이라 이전 것은 지나갔으니 보라 새것이 되었도다.

놀랍지 않습니까? 그리스도 안에 있으면 새로운 피조물로서 살아간다는 이 사실 말입니다. 스스로의 한계가 날마다 더해 가고 이제 무슨 낙으로 살아야 할지 모르는 우리들에게 '새것이 되었다'는 이 말씀이야말로 놀라운 복음입니다.
그런 의미에서 나이 듦을 정의 내리라면, '날마다 새롭게 사는 것'이라 말해도 무방할 것 같습니다. 나이 들어 가며 나에 대해 절망할 때마다 우리는 낡은 나를 버리고 예수 그리스도로 덧입은 새로운 나로 살아갈 수 있으니까요. 나이 듦이란 날마다 죽어 날마다 새롭게 살아나는, 새로운 피조물로 새로운 계절을 향해 가는 신선한 여정이요 축복이니까요.

육 일이면 작심삼일이 두 번입니다. 물론 그 두 번의 작심삼일 동안 우리는 작은 성공과 실패를 경험합니다. 그 밖에도 다양한 경험을 합니다. 기도하다가 수다 떨다가, 잘했다가 잘못했다가, 들떴다가 가라앉았다가, 고요하다가 떠들썩하다가, 자신 있다가 자신 없다가, 힘차다가 맥 빠지다가….

그리고, 주일이 찾아옵니다. 주일, 곧 안식일은 우리가 하나님께 나아가 지치고 힘든 마음을 내려놓고 육 일 동안의 작은 성공과 실패를 돌아보며 생의 새로운 결단을 하는 날입니다. 홀로, 서로 예배하고 기도하는 날입니다. 나의 정체성을 되새기고, 인생 목적을 다지는 날입니다. 무엇보다 감사와 겸손의 자리를 확고히 지키는 날입니다.

만약 사람이 나무라면, 나무에 새겨지는 세월의 나이테는 바로 이 감사와 겸손으로 새겨져야 할 것입니다.

다가오는 주일, 우리의 '주일 성수'를 기대합니다.

(마11:28) 수고하고 무거운 짐진 자들아 다 내게로 오라 내가 너희를 쉬게 하리라
(마11:29) 나는 마음이 온유하고 겸손하니 나의 멍에를 메고 내게 배우라 그러면 너희 마음이 쉼을 얻으리니
(마11:30) 이는 내 멍에는 쉽고 내 짐은 가벼움이라 하시니라

거룩한 씨

(창1:29) *하나님이 가라사대 내가 온 지면의 씨 맺는 모든 채소와 씨 가진 열매 맺는 모든 나무를 너희에게 주노니 너희 식물이 되리라*

체내 면역계를 강화하는 '파이토케미컬'은 토마토의 리코펜, 블루베리의 안토시아닌, 콩의 이소플라본, 마늘의 알리신 등 식물의 자기보호물질로서, 체내에 흡수되면 항암, 항산화 작용을 해서 각종 질병과 노화를 예방합니다.

이 파이토케미컬을 주로 다루는 건강 서적을 편집한 적이 있는데, 이때 위의 성경 구절이 인용됐던 것으로 기억합니다. 그 건강서는 씨 가진 열매에 특히 주목했습니다.

씨(Seed)는 생명의 원천이자 핵심, 중심, 본질, 실질로서 모든 것이 여기서부터 시작됩니다. 씨가 없다면 열매는 존재할 수 없죠.

하나님이 창조해 주신 채소와 과일은 신비 그 자체입니다. 인간의 신진대사에 도움을 주는 갖가지 성분이 채소와 과일에 어찌나 오묘하고 다채롭게 들어 있는지, 그 신비한 설계가 놀랍기 그지없습니다.
그럼에도 특정 채소와 특정 과일이 몸의 어디에 좋고, 무슨 병에 좋다고 말하면서도 하나님의 놀라우신 섭리는 잘 생각지 않습니다. 인간의 무지이자 교만입니다.

사실 씨가 자라서 열매를 맺고, 그 열매 안의 씨가 다시 뿌려져 열매를 맺는 그 신비한 순환을 우리는 잘 생각지 않습니다. 하지만 하나님께서 우리가 먹고살 수 있도록 경이롭게 예비해 주신 것을 조금만 생각해 보아도 경탄과 감격이 나오지 않을 수 없습니다.

'본질을 내포하면서 결과까지 전체를 이끄는 씨의 원리'는 인생에도 그대로 적용됩니다. 핵심이 빠진 이야기, 실질이 없는 인생은 공허합니다. 우리는 그래서 늘 핵심, 실질을 품어야 합니다. 씨는 작지만 전부가 되기 때문입니다.

(마13:31) 또 비유를 베풀어 가라사대 천국은 마치 사람이 자기 밭에 갖다 심은 겨자씨 한 알 같으니
(마13:32) 이는 모든 씨보다 작은 것이로되 자란 후에는 나물보다 커서 나무가 되매 공중의 새들이 와서 그 가지에 깃들이느니라

그리스도인인 우리에게 '씨앗은 곧 믿음'입니다. '믿음이 곧 생명의 씨앗'입니다.

(눅17:6) 주께서 가라사대 너희에게 겨자씨 한 알만한 믿음이 있었더면 이 뽕나무더러 뿌리가 뽑혀 바다에 심기우라 하였을 것이요 그것이 너희에게 순종하였으리라

'겨자씨 한 알만한 믿음'이면 됩니다. 그 씨가 자라 생명의 열매를 맺기 때문입니다. 우리는 이처럼 믿음의 씨앗이 열매 맺도록, 주님 께 의지하여 성화의 길을 기쁨과 소망, 인내와 절제, 헌신과 섬김으 로 걸어 나가야 합니다.

(사6:13)그 중에 십분의 일이 오히려 남아 있을지라도 이것도 삼키 운 바 될 것이나 밤나무, 상수리나무가 베임을 당하여도 그 그 루터기는 남아 있는 것같이 거룩한 씨가 이 땅의 그루터기니라

주님 재림하실 그 심판의 날에 이 땅에 남을 그루터기는 '거룩한 씨'라 예언하십니다. 믿음으로 선을 행하고 죄와 싸우고, 믿음으로 주님 말씀에 순종하는 자, 사랑으로 나 자신과 이웃을 대하는 자, 베풀고 섬기는 자, 용서하고 권면하는 자, 성실하게 전도하는 자. 이 같은 사람이야말로 '거룩한 씨'이겠지요.

요컨대, 주님의 마음이 내 안에 거룩한 씨임을 믿습니다. 그분이 내 안에 사시는 원리는 결국 주님의 마음을 내 삶의 씨앗 삼는 것이겠 지요. 우리는 자아를 버리고, 그 자리에 말씀의 씨앗을 뿌려야 합니 다. 매일 씨앗을 심고, 가꿔야 합니다. 주님 주신 말씀으로, 주님 주 신 믿음으로 우리는 살기 때문입니다.

오늘을 살아갈 힘도, 영원을 살아갈 힘도 모두 다 주님 은혜의 능력 임을 믿습니다.

하나님과 동행하며

(창5:21) 에녹은 육십오 세에 므두셀라를 낳았고

(창5:22) 므드셀라를 낳은 후 삼백 년을 하나님과 동행하며 자녀를 낳았으며

(창5:23) 그가 삼백육십오 세를 향수하였더라

(창5:24) 에녹이 하나님과 동행하더니 하나님이 그를 데려가시므로 세상에 있지 아니하였더라

(Genesis 5:24) *Enoch walked with God; then he was no more, because God took him away.*

에녹이 하나님과 동행했습니다.
네, 하나님과 함께 걸었습니다.

인생길을 걸어갈 때
하나님과 함께하는 것이야말로
우리가 하나님의 은혜를 온전히 누리는 복된 길이겠지요.

발걸음을 볼까요?
우리가 기쁘고 평안하면 발걸음이 가볍습니다.
우리가 목적지가 명확하면 발걸음이 힘찹니다.

나의 선택이...

그래서 어느 작가는
'발걸음은 마음이 걷는 것'이라고 말했나 봅니다.

우리 발걸음은 마음 가는 대로
가게 되어 있으니까요.

발걸음이 무겁거나
어디로 갈지 주저주저한다면
바로 마음에 문제가 있는 것이죠.

(창4:12) 네가 밭 갈아도 땅이 다시는 그 효력을 네게 주지 아니할 것
　　　 이요 너는 땅에서 피하며 유리하는 자가 되리라
(Genesis 5:24) *When you work the ground, it will no longer yield its*
　　　 crops for you. You will be a restless wanderer on the earth

마음으로 제사드리지 않은 가인.

그는 시기심에 불타
하나님께 마음으로 제사를 올려 드린
동생 아벨을 죽이는 만행을 저지릅니다.

창세기 4장 12절 말씀은
이렇게 끔찍한 패역을 범한 가인을 향한
하나님의 엄중하신 말씀입니다.

하나님과 동행하지 않은 채로, 즉 하나님께 순종하지 않은 채로
이기적인 삶, 불순종의 삶을 택한 가인은
'유리하는 자'가 되고 맙니다.

유리하는 자, 곧 쉼 없는 방랑자(restless wanderer)가 된 것이죠.

방랑자의 특징이 무엇입니까?
방황하며 삽니다.
아니, 산다고 할 수도 없습니다.
사는 게 사는 게 아니니까요.
마음이, 시선이, 발길이 계속 흔들리는, 삶 같지 않은 삶.

집이 없으니 쉼이 없습니다.
요컨대, 방랑자의 발걸음에는
하나님의 동행하심이 없습니다.
불안하고 지치고 힘겨운 이유입니다.

다시 에녹으로 돌아가 볼까요?
에녹에 대해서는 성경에 자세한 기록은 없습니다.
그저 그가 하나님과 동행했다고만 말씀하고 있습니다.

그러나, 그 말씀에 인생 전부가 담겨 있습니다.
에녹의 인생, 우리의 인생.

하나님과의 동행.
그것이 전부죠.

내가 해 보겠다고 기를 써 봐도 패배할 뿐이고, 낙담할 뿐이지만
전지전능하신 주관자이신 하나님의 뜻에 겸손히 순종하고 모든 것
을 맡겨 드리면,
이미 승리하신 주님의 손을 감사함으로 붙잡고 있으면,
내 안에 기쁨과 평안이 넘칩니다.

그렇습니다.
우리의 소망은 '하나님과의 동행'입니다.
이것이 전부입니다.

오늘 나의 발걸음에
하나님의 이끄심이 있기를 간절히 소망합니다.

오늘 내가 품는 모든 마음에,
오늘 내가 하는 모든 말, 모든 일에
하나님과 동행하게 되기를 간절히 바랍니다.

날마다 조금씩

"저는 힘이 센 강자도 아니고, 그렇다고 두뇌가 뛰어난 천재도 아닙니다. 날마다 새롭게 변화했을 뿐입니다. 그것이 저의 성공 비결입니다."

– 빌 게이츠

소년 다윗은 모든 군인들이 벌벌 떨며 두려워하는 거인 골리앗 앞에서 당당하게 믿음의 선포를 합니다.

(삼상17:45) 다윗이 블레셋 사람에게 이르되 너는 칼과 창과 단창으로 내게 오거니와 나는 만군의 여호와의 이름 곧 네가 모욕하는 이스라엘 군대의 하나님의 이름으로 네게 가노라

(삼상17:46) 오늘 여호와께서 너를 내 손에 붙이시리니 내가 너를 쳐서 네 머리를 베고 블레셋 군대의 시체로 오늘날 공중의 새와 땅의 들짐승에게 주어 온 땅으로 이스라엘에 하나님이 계신 줄 알게 하겠고

(삼상17:47) 또 여호와의 구원하심이 칼과 창에 있지 아니함을 이 무리로 알게 하리라 전쟁은 여호와께 속한 것인즉 그가 너희를 우리 손에 붙이시리라

언제 어디서나 하나님의 용맹한 군사 되기를 원하는 우리에게 참으

로 필요한 믿음 아닙니까?

다윗은 이날 자신을 소년이 아닌, 용사로 보았습니다. 믿음으로 하나님이 주장하시고 주관하시는 현실을 보았더니 자기가 새롭게 변화된 것입니다.
날마다 양들을 지켜 내느라 새로운 기술을 조금씩 조금씩 더 가미해 정교해질 대로 정교해진 돌팔매질 기술은 다윗을 하나님의 영광을 위해 쓰임받는 용사로 변화시켜 주었습니다.

그렇습니다. 하루아침에 바뀐 것이 아니었습니다.
날마다 조금씩 조금씩 변화한 것이었습니다.
그렇게 다윗은 매일, 매 순간 믿음으로 변화받고 발전되었습니다.

우리에게는 날마다 수많은 기회(Chance)가 존재합니다.
사실 모든 순간이 전부 다 기회죠.

그 기회(Chance)는 바로 변화(Change)를 위한 기회입니다.
나를 성장시키는 순간의 변화를 놓치지 않기를 소망합니다.
나의 이름이 아닌, 하나님의 이름으로 나아가는 변화를 간구합니다.

순간을 사랑하라. 순간을 소유하라

지금 우리 삶은 어디를 향하고 있나요?
빠른 만족, 빠른 성공입니다.
우리는 업적, 성공, 성취 때문에 살고, 또 숨 쉽니다.
그러면서 어찌 됐든 끊임없이 성과를 축적해 나갑니다.
하지만 이렇게 살다가 한 가지 동일한 결론에 도달하게 됩니다.
'나는 이런 사람이다'라며 광고하고 다녔는데, 결국 '나는 그런 사람이 아니다'라는 사실을
알게 되는 것이죠.
－『순간을 소유하라』(칼 렌츠 지음, 정민규 옮김)

대부분 이렇게 순간을 놓치고 삽니다. 나 자신을 놓치고 삽니다.
순간을 즐기지도, 누리지도 못한 채로요.
나 자신이 진정 원하는 게 무엇인지, 내가 정말로 나아갈 방향은 무엇인지 잘 인식하지 못하죠.

저는 이렇게 낭비한 지난 삶이 너무나 아깝습니다.
아, 그런데도, 그렇게 아까워했는데도 그 와중에, 그 이후에 시간을 어찌나 낭비하며 살았는지 모릅니다.
요즘은 정말 시간이 소중한 게 많이 느껴져서 TV 보면서 넋 놓는 것도, 과식하면서 배 불리는 것도 많이 줄였습니다.

말은 더 줄여야 하는데 시급하고 중차대한 과제입니다.

『순간을 소유하라』에서는 '순간의 연결성'을 강조합니다.
우리는 어느 순간에 변화가 일어났는지 잘 알 수 없습니다.
하지만 사소한 순간들이 모여서 큰 변화를 이루어 냅니다.
그리고 그 각각의 순간들은 서로서로 긴밀하게 연결되어 있죠.
그러므로 소홀히 할 만한 '순간'은 존재하지 않습니다.
그래서 "우리는 각각의 순간을 최대한 활용해야 한다."는 것이죠.

순간을 사랑하라. 그러면 그 순간의 에너지가 모든 경계를 넘어
퍼져 나갈 것이다.
— 코리타 켄트

당장 오늘 하루, 당장 이번 한 주가 버거워 헤매고, 당장 올 한 해 또
는 길어야 5년 정도 앞날을 내다보면서 좁고 급하게 사는 삶. 이런
삶은 결코 실질적, 본질적인 만족을 우리에게 가져다주지 못합니다.
오히려 전체적인, 총체적인 인생의 목적을 상기하면서 매 순간을
철저하게 영위하는 것이 답입니다.

가족과 함께하는 순간, 열심히 꼼꼼히 일하는 순간, 건강을 위해 운동
하는 시간, 모든 걸 내려놓고 편하게 쉬는 시간, 친구들과 교제하는
시간, 숙면하는 시간. 이 순간들을 우리는 최대한 활용하고 있나요?
순간에 푹 빠져 봅시다. 순간을 확 누려 봅시다.
그 순간들이 기적으로 연결될 것을 믿음으로 기대하고 소망하며!

급하게 한다는 것

운전하다 보면 제 갈 길로 가려면 우측 길로 빠져야 하는데
거의 다 와서야 갑자기 차선을 바꾸는 사람이 있습니다.

미처 몰랐다면 막판에 알았더라도 위험을 무릅쓰지 말고
다른 길을 찾는 게 자신과 이웃을 위한 당연한 일이고,
알고도 그랬다면 급박한 행동은 좋지 않은 습관입니다.

갑자기 차선을 바꾸려 하면 우선 자기가 급해지고
타인도 놀라며 서로가 위험에 빠질 수 있는 것처럼
인생도 급하게 해서 잘되는 건 없는 것 같습니다.

"첫술에 배부르랴."
"세상에 공짜 없다."

그래서 차분하게
차근차근 나아가야겠지요.

성격이 단번에 좋아질 리가 없고,
습관이 단박에 고쳐질 수가 없고,
말투가 대번에 달라질 수가 없고,

실력이 갑자기 향상될 리가 없고,
건강이 금세 나아질 수가 없고….

그러고 보면 일희일비(一喜一悲)할 일이란
애당초 없습니다.

즉
오버(over)할 일도,
다운(down)될 일도
원래 없습니다.

조급하면 나에게, 남에게 해(害)가 갈 수 있습니다.
조급하면 될 일이 안 됩니다.
조급하면 기쁘지 않습니다.

그러므로
급하게 하는 것은
안 하느니만 못합니다.

부지런한 자의 경영은 풍부함에 이를 것이나
조급한 자는 궁핍함에 이를 따름이니라.

조급함은 결코 부지런함도 열심도 아닙니다.
우리는 매일의 평안으로 자랄 뿐입니다.

차분할 때 결정하라

인생은 운명이 아니라 선택이다.

내 인생의 모든 것이 내 선택의 결과라는 사실을
회피할 수 없도록 마음에 쐐기를 박는 명언입니다.

우리는 살면서 크고 작은 선택을
하루에도 수십, 수백 번씩 하면서 살아갑니다.
이때 우리에게 필요한 것은 다름 아닌 '결정력'이죠.

두세 가지 또는 그 이상의 선택지 중에서
한 가지를 지혜롭게 결정할 수 있어야 합니다.

그러나 아이러니하게도 특히 중요한 결정을 할 때
준비가 되어 있지 않은 채로 섣부른 결정을 내리고 맙니다.

마음속에 있는 흥분/두려움/불안/조급증이
잘못된 결정을 이끌어 내는 주범들입니다.

흥분/두려움/불안/조급증은
사안의 경중과 전후와 인과를

살펴보지 못하게 하죠.

흥분/두려움/불안/조급증으로
잘못 내린 결정으로 인한 피해는
고스란히 나 자신에게 돌아옵니다.

때로는 가족과 이웃에게까지
큰 피해를 끼치기도 합니다.

그러므로 우리는 언제 결정해야 합니까?

**마음 정리가 되어 내 자신이
준비가 되었을 때 결정해야 합니다.
한마디로, 내 자신이 차분할 때
결정을 내려야 합니다.**

인생에서 겪는 실수와 실패는 바로
마음이 차분해지기 전에
속단한 결과입니다.

무지와 편견과 선입견이 작용한 결과입니다.

'차분한 마음가짐'을 갖추기까지
우리는 내가 결정하고자 하는 그 일에 대하여

하나님께 기도하기를 멈추지 말아야 할 것입니다.

무슨 일이든 그에 대한 결정은 나의 뜻이 아닌
하나님의 뜻을 추구함으로 내려야 하기 때문입니다.

그래야 우리는 늘 좋은 결과를 맞이할 수 있죠.

하나님은 분명 우리 마음을
차분히 안정시켜 주셔서
지혜의 길로 이끌어 주십니다.

무언가 고민이 되는 선택을 앞두고 있나요?
그럼 그때 나의 마음이 차분해졌는지부터 살펴봅시다.
하나님 향한 기도와 함께요.

그리하여 내게 주어진 선택의 순간들을
하나님의 자녀로서 선하고 의롭게 변화하는
좋은 기회로 삼게 되기를 간절히 바랍니다.

(시23:1) 여호와는 나의 목자시니 내가 부족함이 없으리로다
(시23:2) 그가 나를 푸른 초장에 누이시며 쉴 만한 물가로 인도하시
　　　 는도다
(시23:3) 내 영혼을 소생시키시고 자기 이름을 위하여 의의 길로 인
　　　 도하시는도다

(시23:4) 내가 사망의 음침한 골짜기로 다닐지라도 해를 두려워하지 않을 것은 주께서 나와 함께 하심이라 주의 지팡이와 막대기가 나를 안위하시나이다

(시23:5) 주께서 내 원수의 목전에서 내게 상을 베푸시고 기름으로 내 머리에 바르셨으니 내 잔이 넘치나이다

(시23:6) 나의 평생에 선하심과 인자하심이 정녕 나를 따르리니 내가 여호와의 집에 영원히 거하리로다

(요7:17) 사람이 하나님의 뜻을 행하려 하면 이 교훈이 하나님께로서 왔는지 내가 스스로 말함인지 알리라

(요7:18) 스스로 말하는 자는 자기 영광만 구하되 보내신 이의 영광을 구하는 자는 참되니 그 속에 불의가 없느니라

(눅11:9) 내가 또 너희에게 이르노니 구하라 그러면 너희에게 주실 것이요 찾으라 그러면 찾을 것이요 문을 두드리라 그러면 너희에게 열릴 것이니

(눅11:10) 구하는 이마다 받을 것이요 찾는 이가 찾을 것이요 두드리는 이에게 열릴 것이니라

(눅11:11) 너희 중에 아비 된 자 누가 아들이 생선을 달라 하면 생선 대신에 뱀을 주며

(눅11:12) 알을 달라 하면 전갈을 주겠느냐

(눅11:13) 너희가 악할지라도 좋은 것을 자식에게 줄 줄 알거든 하물며 너희 천부께서 구하는 자에게 성령을 주시지 않겠느냐 하시니라

정함이 없는 자

무엇을 할지 선택을 잘하지 못하는
'결정장애'라는 말이 근간에 자주 회자됩니다.

결정장애는 짜장이냐 짬뽕이냐부터
독서냐 TV냐, 대화냐 게임이냐,
연애냐 결혼이냐, 휴식이냐 여행이냐,
나중 이직이냐 일단 퇴사냐 등 작은 일부터 시작해서
큰 일까지 두루두루 일어날 수 있습니다.

만약 평소에 결정을 하기에 앞서 고민을 과도하게 한다면,
물건을 살지 말지, 점심 메뉴를 무엇으로 할지 등등
무슨 결정을 하려 할 때든 결정 그 자체를 어려워하는
결정장애가 아닌가 짚어 봐야 할 것입니다.

사소한 고민은 시간 낭비쯤으로 끝나겠지만,
인생의 중대사 앞에서 결정장애를 일으키면
나의 삶이 숙고되지 못한 채 결정되고 마는
인생 과오를 저지를 수 있습니다.

(약1:2) 내 형제들아 너희가 여러 가지 시험을 만나거든 온전히 기쁘게 여기라

(약1:3) 이는 너희 믿음의 시련이 인내를 만들어 내는 줄 너희가 앎이라

(약1:4) 인내를 온전히 이루라 이는 너희로 온전하고 구비하여 조금도 부족함이 없게 하려 함이라

(약1:5) 너희 중에 누구든지 지혜가 부족하거든 모든 사람에게 후히 주시고 꾸짖지 아니하시는 하나님께 구하라 그리하면 주시리라

(약1:6) 오직 믿음으로 구하고 조금도 의심하지 말라 의심하는 자는 마치 바람에 밀려 요동하는 바다물결 같으니

(약1:7) 이런 사람은 무엇이든지 주께 얻기를 생각하지 말라

(약1:8) 두 마음을 품어 모든 일에 정함이 없는 자로다

성경에서 말씀하는 '정함이 없는 자'는,
신앙인이 모든 생활 가운데서
반면교사(反面教師)로 삼아야 할 것입니다.

삶에서 내게 주어지는 모든 기회 가운데서
우유부단하지 않고 결단력이 있어야겠죠.

인간은 무지하고 욕심이 많아서 결정을 하는 것이 어렵지만,
겸손히 나를 이끌어 주시는 주님을 바라본다면 이야기가 전혀 달라집니다.

(시23:1) 여호와는 나의 목자시니 내가 부족함이 없으리로다

(시23:2) 그가 나를 푸른 초장에 누이시며 쉴 만한 물가로 인도하
    시는도다

(시23:3) 내 영혼을 소생시키시고 자기 이름을 위하여 의의 길로 인
    도하시는도다

(시23:4) 내가 사망의 음침한 골짜기로 다닐지라도 해를 두려워하지
    않을 것은 주께서 나와 함께 하심이라 주의 지팡이와 막대기가
    나를 안위하시나이다

(시23:5) 주께서 내 원수의 목전에서 내게 상을 베푸시고 기름으로
    내 머리에 바르셨으니 내 잔이 넘치나이다

(시23:6) 나의 평생에 선하심과 인자하심이 정녕 나를 따르리니 내가
    여호와의 집에 영원히 거하리로다

요즘 다음의 성경 말씀을 자주 묵상합니다.

(시23:1) 여호와는 나의 목자시니 내가 부족함이 없으리로다

시험이 올 때, 힘들고 지칠 때, 걱정이 될 때
연약한 양인 나에게 주님이 목자이심을 고백하면
내게 부족함 자체가 없다는 그 감사함에서 오는
말로 형용할 수 없는 평안을 느끼게 됩니다.

결정하기 어려운 상황에서 이 말씀을 묵상하면
이렇게 은혜의 반전이 일어납니다.

더욱 순종하고 더욱 감사하게 되지요.

현대사회에 잡다한 정보가 워낙 많아서 결정장애가 많아진다는 견해가 있지만, 정체성이 확고하면 정보가 아무리 많아도 그에 휩쓸리지 않겠지요.

마음이 붕 떠 있으면 결국 이 선택 저 선택 제대로 하지 못하고
스마트폰과 인터넷, TV에서 눈을 떼지 못합니다.
그것을 결정이라고 할 수는 없겠죠.
사실은 결정할 권리를 포기한 채로
유혹에 쉽게 넘어가 버린 것이죠.

신앙생활 중에도 죄성을 지닌 우리는
'정함이 없는 자'가 되기 십상입니다.
아니, 매일매일 우리는 '정함이 없는 자'가
되지 않기 위해 기도로 싸워 이겨야 합니다.

(시23:1) 여호와는 나의 목자시니 내가 부족함이 없으리로다

이 말씀이 힘이 되는 이유는, 이 말씀을 붙들면
결정적인 결정을 잘하게 될 수 있을 뿐만 아니라,
결정할 만한 사안조차 아님을 깨닫고
마음 편히 내려놓을 수 있기 때문입니다.

마음에 닿기를

다시, 야고보서 1장 2-5절 말씀을 봅시다.

(약1:2) 내 형제들아 너희가 여러 가지 시험을 만나거든 온전히 기쁘
게 여기라
(약1:3) 이는 너희 믿음의 시련이 인내를 만들어 내는 줄 너희가 앎이라
(약1:4) 인내를 온전히 이루라 이는 너희로 온전하고 구비하여 조금
도 부족함이 없게 하려 함이라
(약1:5) 너희 중에 누구든지 지혜가 부족하거든 모든 사람에게 후히
주시고 꾸짖지 아니하시는 하나님께 구하라 그리하면 주시리라

시험에 대해 참으로 귀한 말씀 아닙니까.
시험을 만나면 연단받는 줄 알고 기뻐하라 하십니다.
살아가는 지혜는 하나님께서 후히 주신다 말씀하십니다.

우리가 탐욕 때문에 망설이거나, 불안 때문에 망설인다면
신앙생활이라는 촛대의 불씨가 흔들리는 것일 겁니다.
우리는 이러한 '정함이 없는 자'가 되지 말고,
'믿음이 있는 자', '사랑이 있는 자',
'소망이 있는 자'가 되어야 할 것입니다.

(약1:6) 오직 믿음으로 구하고 조금도 의심하지 말라 의심하는 자는
마치 바람에 밀려 요동하는 바다물결 같으니
(약1:7) 이런 사람은 무엇이든지 주께 얻기를 생각하지 말라
(약1:8) 두 마음을 품어 모든 일에 정함이 없는 자로다

나의 선택이...

뒤를 돌아본다는 것

무엇이 뒤를 돌아보게 합니까?
집착과 후회와 위선입니다.

결국, '나'입니다.

반대로,
오직 주님만을 바라보면
주님이 우리를 인도해주시니
우리는 비로소 앞을 바라보게 됩니다.

(창19:26) 롯의 아내는 뒤를 돌아본 고로 소금 기둥이 되었더라

나를 추구하면 결코 앞을 보지 못합니다.

뒤를 돌아보지 않겠다는 결단은 그래서
절대로 나로부터 나오지 않습니다.
뒤를 보는 것은 비극 그 자체입니다.

주님의 인도하심을 따라 사는 자는
'뒤를 돌아본다는 것'의 죄됨과 헛됨을 압니다.

모든 어제는 회개의 대상일 뿐이며
모든 오늘은 행군의 때임을 압니다.

뒤를 보면 절망뿐이고
앞을 보면 희망뿐임을 압니다.

그렇습니다.
주님만을 바라고, 주님을 바라볼 때
드디어 우리는 주님의 선하심을 좇게 됩니다.

그러므로
매일 주님만을 바라봄으로
앞만 보고, 앞만 향하는
주님께서 이끌어주시는
기쁨과 소망의 '전진의 삶'을 살게 되기를 소망합니다.

가던 길 멈춰 서서

근심에 가득 차, 가던 길 멈춰 서서
잠시 주위를 바라볼 틈도 없다면 얼마나 슬픈 인생일까?
나무 아래 서 있는 양이나 젖소처럼
한가로이 오랫동안 바라볼 틈도 없다면
햇빛 눈부신 한낮, 밤하늘처럼
별들 반짝이는 강물을 바라볼 틈도 없다면
아름다운 여인의 눈길과 발
또 그 발이 춤추는 맵시 바라볼 틈도 없다면
눈가에서 시작한 그녀의 미소가
입술로 번지는 것을 기다릴 틈도 없다면,
그런 인생은 불쌍한 인생, 근심으로 가득 차
가던 길 멈춰 서서 잠시 주위를 바라볼 틈도 없다면.

― 헨리 데이비스(W. H. Davis, 1871-1940), 〈가던 길 멈춰 서서(Leisure)〉.

가정은 경제보다 화목이 우선입니다.
직업은 일보다 관계가 우선입니다.
교육은 지식보다 인격이 우선입니다.
언제나 본질이 우선입니다.
마음이 급해지면 일단 멈추고
걱정이 앞서면 주님 뒤에 서고

말이 아닌 웃음부터 꺼내는 삶.

나보다 주위를 먼저 바라보며
나 아닌 옆사람을 앞세우는 삶,
본질을 좇는 기쁜 삶입니다.

Chaper 3

나의 사랑이...

내 차와 네 차 사이

일본에 출장 간 적이 있는데,
도로 위 차량들이 이동하는 모습을 보고
적잖이, 아니 엄청 놀랐던
그 기억이 도저히 잊히지를 않습니다.

차선을 바꾸는 차량이 거의 없었기 때문입니다.

서두르는 차량도, 갑자기 속도를 내는 차량도
거의 눈에 띄지가 않았습니다.
우리나라와는 완전 딴판이죠?

우리는 어떤가요?

#1
다른 차가 끼어들까 봐,
아니면 그냥 습관처럼
앞 차를 바짝 쫓습니다.

#2
앞차가 조금만 늦게 달려도

마치 그 차를 들이받을 듯이
앞 차 뒤꽁무니에 내 차를 갖다 붙이죠.

#3
달리는 도로에서 다른 차량이
속도를 내면 괜한 경쟁심에
속도를 더 내기도 합니다.

진정으로 열심을 내고 부지런을 부려야 하고,
서로 성장하기 위한 경쟁을 해야 해서
최선을 다해 승부에 임해야 할 상황에서
도로 위에서처럼 행동한다면 정말 좋을 텐데요.

참으로 쓸데없는 조급증과 쓸모없는 경쟁심이지요.

하여 내 차와 네 차 사이에
딱 한 대의 차량이
들어갈 만큼만 거리를 두면 어떨까요?

나 자신의 마음에,
그 사람의 마음에
여유가 생길 것입니다.
물론 이렇게 하려면 옆 차선에서
쓸데없이 끼어들지 말아야 합니다.

몇몇이 그렇게 한다고 되는 일이 아니라,
'같이의 가치'가 발휘되어야 하는 것이죠.

일본의 도로 위 모습을 생각하면,
우리는 편안하고 안전하게 운전할 수 있는
기회를 스스로, 다 같이 날려 버리고 있는 것 같습니다.

(잠21:5) 부지런한 자의 경영은 풍부함에 이를 것이나 조급한 자는
   궁핍함에 이를 따름이니라

일을 할 때도 부지런함과 조급함은
확연하게 다른 양상과 추이를 만들어 냅니다.

'마음 중심'이 일들을 향해
바로 서 있느냐,
바로 서 있지 않느냐,
딱 그 차이겠지요.

조급하게 일하면 아무리 일을 빨리, 많이 해도
좋은 과정, 좋은 결과를 만들어 내지 못합니다.

오늘 나는, 우리는
부지런한 걸까요,
조급한 걸까요?

여호와를 찾는 자는

극동방송에서 11시에 방송되는 〈소망의 기도〉를 가끔 듣습니다. 중보기도를 위한 프로그램이죠.

몸이 아픈 자, 맘이 아픈 자, 가정 문제로 힘든 자, 직업으로 힘든 자, 신앙생활을 잘 못하고 있는 자, 절실한 마음으로 가족과 이웃을 전도하고 싶은 자, 어려운 상황에 처한 자, 억울한 자, 관계가 심하게 틀어진 자, 자신의 죄의 무게에 짓눌린 자, 경제적으로 너무나 버거운 자, 그 밖에 여러 가지 소망을 품은 자들의 전화가 연결됩니다.

그들의 절절한 사연을 듣고 있노라면 마음 한편이 답답하고 가슴이 아픕니다. 그 고통과 고난이 너무나 힘들게 느껴지기 때문입니다. 중보기도를 하지 않을 수 없는 사연들입니다.

〈소망의 기도〉 프로그램을 통해 어려운 자들의 사연과 그들을 위한 목사님의 중보기도를 듣다 보면 여러 가지 생각이 듭니다.

저렇게 심하게 힘든 사람들이 많구나, 나는 너무나 편하게 살고 있구나, 나는 누구를 위해 중보기도를 그렇게 했던가.

물론 그들의 사연을 들으면서 저 자신의 아픈 마음, 답답한 현실이

치유되기도 합니다. 사랑을 나눌 때 일어나는 기적이 일어나는 것이죠.

그래서 중보기도는 꼭 누군가를 위해서 해 준다기보다는 함께 기적을 누리는, 즉 함께 회복과 치유의 역사를 경험하는 통로로 보입니다.

한번은 '저보다 더 힘든 사람이 있을 텐데' 하시면서 전화가 연결된데 대해 미안해하는 분도 있었습니다. 그분 말씀처럼 정말 세상에는 힘든 사람들이 많습니다.

경험해 보지 않았기에 도저히 그 힘듦의 정도를 가늠할 수 없는 상황들. 그 각양각색의 상황으로 인해 틈만 나면 눈물이 앞을 가릴 만큼 힘겨워하는 사람들이 너무나 많습니다.

그 고통과 고난 가운데서 우리는 주님을 바라봅니다. 서로 눈물을 흘리며 기도하면서 주님을 바라봅니다.

우리는 세상과 인간을 향한 주님의 깊은 뜻을 다 알 수는 없지만, 그분의 한없는 사랑만큼은 알고 있습니다. 타락한 죄인을 구원해 주시고, 인도해 주시는 주님의 사랑을 우리는 알고 있습니다.

그 사랑을 우리가 중보기도를 통해 믿음으로 고백하고 간절히 소망할 때 치유와 회복의 역사가 일어날 줄 믿습니다.
우리에게 진정한 치유, 진정한 회복은 구원받아 생명 입음을 믿음으로 고백하는 것이겠지요. 그 구원의 기쁨으로 오늘을 살고, 그 구원의 기쁨을 나의 인생을 통해 가족과 이웃과 함께 나눌 때 우리는 비로소 소망한 그대로 삶을 살게 됩니다. 이러한 삶이야말로 하나님의 손 붙잡고 나아가는 삶이겠지요.

우리의 모든 소망의 기도를 주님이 들어 주시고 이뤄 주심을 믿습니다.

이루 표현할 길 없는 고난 가운데서 몸과 맘이 너무나도 힘든 분들에게 중보기도할 수 있는 사랑을 우리가 품고 살아가기를 간절히 소망합니다.

(시62:5) 나의 영혼아 잠잠히 하나님만 바라라 대저 나의 소망이 저로 좇아 나는도다

(시62:6) 오직 저만 나의 반석이시요 나의 구원이시요 나의 산성이시니 내가 요동치 아니하리로다

(시62:7) 나의 구원과 영광이 하나님께 있음이여 내 힘의 반석과 피난처도 하나님께 있도다

(시62:8) 백성들아 시시로 저를 의지하고 그 앞에 마음을 토하라 하나님은 우리의 피난처시로다 *(셀라)*

(시34:4) 내가 여호와께 구하매 내게 응답하시고 내 모든 두려움에서 나를 건지셨도다

(시34:5) 저희가 주를 앙망하고 광채를 입었으니 그 얼굴이 영영히 부끄럽지 아니하리로다

(시34:6) 이 곤고한 자가 부르짖으매 여호와께서 들으시고 그 모든 환난에서 구원하셨도다

(시34:7) 여호와의 사자가 주를 경외하는 자를 둘러 진치고 저희를 건지시는도다

(시34:8) 너희는 여호와의 선하심을 맛보아 알지어다 그에게 피하는 자는 복이 있도다

(시34:9) 너희 성도들아 여호와를 경외하라 저를 경외하는 자에게는 부족함이 없도다

(시34:10) 젊은 사자는 궁핍하여 주릴지라도 여호와를 찾는 자는 모든 좋은 것에 부족함이 없으리로다

질문 카드

'질문 카드'라는 걸 선물받은 적이 있습니다.
특히 아이들과 대화할 때 사용하면 좋겠다 싶은, 말 그대로 다양한
질문이 적혀 있는 카드입니다.

그중 '사랑'이 제목인 카드에는 다음과 같은 질문이 적혀 있어요.

"가장 사랑받고 있다는 생각이 든 순간은?"

참 좋은 질문이라는 생각입니다.
우리가 이 질문에 대한 각자의 답을 알고 서로를 대한다면 훨씬 더
아니 제대로 사랑을 할 수 있을 텐데요.

당신은 언제 가장 사랑받는다고 느끼나요?

저는 가족에게 둘러싸여 있을 때 가장 사랑받는다는 느낌을 받습니
다. 가족의 관심과 애정을 한몸에 받고 있다고 생각할 때 그 사랑으
로 인해 천국에 있는 듯한 행복을 느낍니다.

저 자신에게 언제 가장 사랑받는다고 느끼는지 스스로 질문해 보고
내놓은 답입니다.

저 같은 사람은 가족과 함께 있을 때 허투루 시간을 보내지 말고 진정으로 마음을 나누어야겠죠.

그에 앞서 가족에게 질문을 던져야 할 것입니다.

"가장 사랑받고 있다는 생각이 든 순간은?"

저는 사랑에 대한 이 질문 카드를 본 순간, 우리는 상대방이 언제 가장 사랑받는다고 생각하는지 어쩌면 너무 모르고 있지 않나 하는 생각을 해 보게 되었습니다.
그 결과, 잘못된 또는 비효율적인 사랑을 하고 있지는 않은지.

사랑도 아는 만큼 하잖아요.

오늘은 한번 어떨 때 가장 사랑받는다는 느낌이 드는지 나와 함께 하는 가족과 이웃에게 질문해 봅시다.

혹시 아나요? 그동안 우리가 몰랐던 뜻밖의 사랑의 길이 새로이 열릴지도.

(고전13:1) 내가 사람의 방언과 천사의 말을 할지라도 사랑이 없으면 소리나는 구리와 울리는 꽹과리가 되고

모두 달라서 모두가 좋다

"모두 달라서 모두가 좋다."

일본의 동요 시인 가네코 미스즈가 오래전에 한 말입니다. 일본도 우리와 마찬가지로 획일화된 사회인 모양입니다. 다양한 인간에게 비슷한 모습을 요구하는 거죠.

이것은 학교 교육에서 가장 잘 드러납니다. 재능/성향/습관보다는 성적이 우선시됩니다. 예를 들면, 언어를 잘 다루는 학생이 수학과 과학 점수가 낮으면 안타깝게 생각하는 것입니다. 아이의 언어 재능에 관심과 도움을 주기 어렵습니다.

성장과 성숙이 아직 이루어지지 못한 어린아이에게 성향을 가지고 낙인을 찍기도 합니다. 어려서 이것저것 관심을 보이는 것일 수도 있는데, 과잉 행동 장애로 판정한다면 아이의 장래는 제한되는 것입니다.

참으로 신기하죠. 인간 각자는 다 제각각입니다. 성격/성향/외모/ 취향/습관…. 무엇 하나 똑같지가 않습니다.

인간은 앞서기 위해 경쟁해야 하는 관계가 아니라, 각자의 개성을 발견하고, 발휘하면서 함께 돕고, 함께 나누어야 할 사이입니다.

그러나 여전히 우리의 학교 교육은 선생님의 일방향적, 구시대적 리더십(?)에 의존합니다. 아이들 각자를 살필 겨를이 없습니다.

가정에서 아이를 학원에 보내는 것도 애초에 시야가 좁습니다. 수학/영어/논술/예체능…. 잠재력을 살피기보다는, '무엇 하나 얻어걸리겠지.' 하는 식으로 애매모호한 교육관을 가진 가정이 너무나 많습니다.

그러나, 아이들에게는 투자보다는 관심이 필요하죠.

역사를 돌아보면, 세상의 변화를 이끈 이들은 별납니다. 그런데도 우리는 너무나 비슷한 삶을 서로서로 강요하며 삽니다.

사실 우리는 모두가 별난 존재인데요. 서로 똑같은 게 없는 특별한 존재죠. 즉, 우리는 서로 경쟁 상대가 결코 아니라, 이 세상에 하나뿐인 '대체 불가능한 존재'입니다. 이를 알면, 각자의 개성을 존중하게 될 것입니다. 각자의 잠재력을 서로가 북돋아 주고, 응원할 것입니다.

자녀를 여럿 둔 가정에서도 우리는 각기 다른 아이들을 비슷하게 키우려고 합니다. 아이들을 바라보는 시야와 아이에 대한 기대가 편협한 것입니다.

그 편협합의 본류를 거슬러 올라가 보면, 목적 자체가 바로 서지 않았을 수 있습니다.

누구는 영재고, 누구는 천재가 아닙니다. 영재로, 천재로 키울 이유도 없습니다. 본래가 대체 불가능한 존재들이기 때문입니다.

시대 역시 점점 더 개성 있는 사람을 원합니다. 협력하지만, 개성이 뚜렷한 사람이 필요합니다.

그래야 '모두 달라서 모두 좋은' 세상을 만들 수 있습니다.

오늘부터 '대체 불가능한 특별한 존재들'을 대하는 나의 마음자세부터 바꿔야겠습니다. 그리고 나 역시 '대체 불가능한 존재'임을 결코 잊지 않고, 별나게 살아야겠습니다.

P.S.

인간 개성, 인간 각자를 존중한다면서 보편적인 세계관/인간관/가치관까지 어기거나 저버려서는 안 됩니다.

우리 인간에게 필요한 지혜는 인생의 보편성과 인간의 개성을 구별할 줄 아는, 명료한 깨달음입니다.

기독교 신앙이야말로 인생의 보편성과 인간의 개성을 구별케 해 우리로 하여금 '구별된 삶'을 살게 합니다.

믿는 자 된 우리는 무분별한 다원주의를 분별하여 경계해야 합니다.

그리스도인들은, 믿음이 각자를 특별하게 합니다.
하나님이 주신 특별함으로 서로를 빛나게 하기를 간절히 소망합니다.

(단12:3) 지혜 있는 자는 궁창의 빛과 같이 빛날 것이요 많은 사람을
옳은 데로 돌아오게 한 자는 별과 같이 영원토록 비취리라

사랑의 원

미국의 원주민은 잘못을 저지른 사람에게서 등을 돌립니다. 가장 부끄럽고 가장 강력한 처벌의 표시라고 합니다.

그렇게 한참, 거리를 둡니다.

그러다 사람들이 다시 나타나 잘못한 사람의 주위에 원을 그리며 에워쌉니다. 그리고 나서 그가 가장 잘했던 일을 저마다 구체적으로 말해 줍니다.

목적은, 그를 받아 주기 위해서입니다. 그를 품어 주기 위해서입니다.

그래서, 서로 시간을 두는 것입니다.

우리는 이러한 잘/잘못에 대한 의사 표시를 두루뭉술하게, 미적지근하게 하거나 아예 하지 않아서 사태를 키웁니다.

진정한 반성의 기회도, 진정한 용서의 기회도 소유하지를 못합니다.

잘못과, 잘못한 사람을 대하는 미국 원주민들의 시선은 단순해 보일지 몰라도 차원이 높습니다.

긍휼과 용서, 사랑과 배려가 없다면 우리는 모든 것을 잃고 맙니다.

세상을 살다 보면 작은 것부터 큰 것까지 잘못하는 나, 잘못하는 남을 만나게 됩니다. 그때 우리에게는 반성할 시간이 필요합니다. 그러고 나서 우리는 서로 용서해야 합니다.

살다 보면 내가 잘못해서, 남이 잘못해서 힘들고 상처 입는 일이 매우 많습니다.
나를 향한, 남을 향한 우리의 잘못은 끊이지 않습니다.

이것이 세상살이의 가장 힘든 면 아닐까요?

하지만 그럼에도 불구하고, 오늘 내 마음속에 가족과 이웃을 향한 '사랑의 원'을 그려 나가기를 간구합니다. 우리는 배역하고 타락한 죄인임에도 용서받고 사랑받았기 때문입니다.
반성과 용서와 사랑으로 인간의 품격을 높이기를 간절히 소망하게 됩니다.

(사53:5)그가 찔림은 우리의 허물을 인함이요 그가 상함은 우리의
　　죄악을 인함이라
그가 징계를 받음으로 우리가 평화를 누리고 그가 채찍에 맞음으로
　　우리가 나음을 입었도다
(사53:6)우리는 다 양 같아서 그릇 행하며 각기 제 길로 갔거늘 여호
　　와께서는 우리 무리의 죄악을 그에게 담당시키셨도다

두 가지 편견에 대하여

우리가 지니는 편견 중에서도
나이가 들면서 더 심해지는 편견이 있는 것 같습니다.

편견(偏見)
공정하지 못하고 한쪽으로 치우친 생각.

1. 자신이 한 경험을 중심으로 자기 생각이 옳다고 믿는다.
2. 타인이 잘못한다고 평하면서 자기는 잘해 왔다 생각한다.

1은 외골수, 2는 꼰대가 될 수 있습니다.

외골수(-骨髓)
단 한 곳으로만 파고드는 사람.

꼰대
「1」은어로, '늙은이'를 이르는 말.
「2」학생들의 은어로, '선생님'을 이르는 말.

외골수는 길을 잘못 팔 수 있고,
꼰대는 불화를 부를 수 있습니다.

특히 우리는 남에게 조언을 할 때
이 두 가지 과실에 빠지게 됩니다.

과실(過失)
「1」부주의나 태만 따위에서 비롯된 잘못이나 허물.
「2」『법률』부주의로 인하여, 어떤 결과의 발생을 미리 내다보지 못한 일.

결국 공감과 배려가 되지 않습니다.

외골수는 소위 센스가 부족하고,
융통성을 발휘하지 못합니다.

꼰대는 비평가를 넘어 비난가가 되고 맙니다.

둘 다 한쪽으로 치우쳤기 때문에
타협과 조화의 여지가 적습니다.

외골수와 꼰대의 실상은 어떤가요?
대인관계, 예를 들면 가정/학교/회사에서
긍정적이고 건설적인 관계를 만들기 어렵습니다.

외골수와 꼰대는 어찌 보면
자기 자신에 대한 이해의 부족에서

비롯된 것이라는 생각도 듭니다.

나에 대한 이해가 부족하면
남에 대한 이해도 부족하게 되지요.

대화를 하면서, 의견을 내면서
외골수와 꼰대의 느낌이 난다면
'나의 앎과 경험은 지극히 작다'
'나도 수많은 실수와 잘못을 했다'
즉 정직과 겸손의 자각을 해야겠습니다.

신앙생활에서 외골수와 꼰대가 된다는 것은
무엇을 의미할까요?

외골수와 꼰대의 속을 파고 들어가면
결국 '교만'을 만나게 되지 않을까요?

우리를 무너뜨리는 그 끔찍한 교만이요.
그러므로 지극히 경계하게 됩니다.

**나는 '외골수의 판단', '꼰대의 비난'을
하고 있지 않은가?**

(잠2:1) 내 아들아 네가 만일 나의 말을 받으며 나의 계명을 네게 간 직하며

(잠2:2) 네 귀를 지혜에 기울이며 네 마음을 명철에 두며

(잠2:3) 지식을 불러 구하며 명철을 얻으려고 소리를 높이며

(잠2:4) 은을 구하는 것같이 그것을 구하며 감추인 보배를 찾는 것같 이 그것을 찾으면

(잠2:5) 여호와 경외하기를 깨달으며 하나님을 알게 되리니

(잠2:6) 대저 여호와는 지혜를 주시며 지식과 명철을 그 입에서 내심 이며

(잠2:7) 그는 정직한 자를 위하여 완전한 지혜를 예비하시며 행실이 온전한 자에게 방패가 되시나니

(잠2:8) 대저 그는 공평의 길을 보호하시며 그 성도들의 길을 보전하 려 하심이니라

(잠2:9) 그런즉 네가 공의와 공평과 정직 곧 모든 선한 길을 깨달을 것이라

(잠2:10) 곧 지혜가 네 마음에 들어가며 지식이 네 영혼에 즐겁게 될 것이요

(잠2:11) 근신이 너를 지키며 명철이 너를 보호하여

(잠2:12) 악한 자의 길과 패역을 말하는 자에게서 건져내리라

(잠2:13) 이 무리는 정직한 길을 떠나 어두운 길로 행하며

(잠2:14) 행악하기를 기뻐하며 악인의 패역을 즐거워하나니

(잠2:15) 그 길은 구부러지고 그 행위는 패역하리라

나의 사랑이...

평가? 사랑!

"다른 사람들을 평가한다면, 그들을 사랑할 시간이 없다."

제 친구 중에 인사팀장으로 일하는 친구가 있는데, 이 친구가 최근에 이직을 해서 회사에서 자기소개를 하면서 위의 말을 시작으로 프레젠테이션을 했다고 하더군요.

제가 "인사고과를 평가하는 인사팀장이 평가를 하지 않는다니?" 하고 우스갯소리를 했지만, 이 인사팀장의 역설적인 자기소개에 담긴 '사람을 대하는 사랑의 마음'을 보고 감동했습니다.
이 친구가 사람을 평가하는 이 일만 20여 년 했으니 그 오랜 경험의 끝에서 나온 한마디겠죠.

그렇지만, 우리의 일상은 어떤가요?
마치 사람을 평가하는 기계가 나의 뇌에 장착된 것처럼 주변 사람들의 일거수일투족을 평가합니다. 별다른 관심과 정보도 없이 시작된 평가는 비판을 넘어 비난으로 이어지기 일쑤죠.

그렇다면, 평가를 그만둘 수 있는 해법은 무엇일까요?
제 친구의 관점을 빌려오면 어떨까요?

사람을 '평가의 대상'이 아닌 '사랑의 대상'으로 바라보는 그 관점이요.

이기심과 시기심과 질투심을 본성적으로 가지고 있는 인간은 그 본래의 자기 관점을 버려야만 합니다.

'사랑의 마음'은 내가 마음먹는다고 되는 게 아님을 우리는 일관되지 못한 내 마음을 보고, 열매 맺지 못하는 내 마음을 보고 알게 됩니다.

'하루라도 사람 평가를 하지 않으면 입안에 가시가 돋히는' 우리의 모습을 보면 알 수 있지요.

(마22:37) 예수께서 가라사대 네 마음을 다하고 목숨을 다하고 뜻을 다하여 주 너의 하나님을 사랑하라 하셨으니

(마22:38) 이것이 크고 첫째 되는 계명이요

(마22:39) 둘째는 그와 같으니 네 이웃을 네 몸과 같이 사랑하라 하셨으니

(마22:40) 이 두 계명이 온 율법과 선지자의 강령이니라

"다른 사람들을 평가한다면, 그들을 사랑할 시간이 없다."

더 이상 평가하느라고 가족과 이웃을 사랑할 시간을 잃어 버려서는 안 되겠습니다.

오늘, 평가 대신 사랑으로 그들을 대해 봅시다.

나의 마음에, 그의 마음에 기쁨이 흘러넘칠 것입니다.

소소하게 채워지는

좋은 사람의 삶은 사소하고,
세상에 알려지지 않았거나 잊혀진
친절과 사랑의 행동들로 대부분 채워진다.
— 윌리엄 워즈워드

친절과 사랑의 행동들은 소소할지언정,
결코 무의미하지도, 무가치하지도 않잖아요.

아니,
실은 소소해야
친절이고 사랑이죠.
친절과 사랑은 애당초
거창함을 요구하지 않으니까요.

그러나,
가식과 위선과 욕심이
친절과 사랑을 오염시키면
무거워지고 무의미해지고 맙니다.

가는 말이 고와야 오는 말이 고와서
친절과 사랑의 말을 하는 것이 아니라,

나를 지켜보고 있는 사람들이 있어서
친절과 사랑의 행동을 하는 것이 아니라,
이것이 삶이니까 그저 그렇게 살아가는 삶을
우리는 추구하고 또 살아가야 할 것입니다.

문자를 주고받고, 통화를 하고, 만나서 대화하고,
함께 일하고, 같이 시간을 보내는 사람들에게
행하는 친절과 사랑의 작은 언행이 모여
우리의 삶을 의미 있게 채워 준다는 것을
깨닫고 행하는 우리 되기를 소망합니다.

나의 오늘을 채운 친절과 사랑의 언행은 무엇이었는지
매일 밤 잠들기 전에 친절과 사랑의 언행을 할 수 있는
마음을 주신 하나님께 감사하며 기도하면 좋겠습니다.

(마25:45) 이에 임금이 대답하여 가라사대 내가 진실로 너희에게 이
    르노니 이 지극히 작은 자 하나에게 하지 아니한 것이 곧 내게
    하지 아니한 것이니라 하시리니

가장 어려운 일과 가장 간단한 일

AIM 친구 분들 중에는 다양한 국적의 외국인 분들도 계신데요.
가끔 격려의 메시지를 보내 주십니다.

하루는 한 분이 아래 글귀를 보내 주셨어요.

The most difficult task is to make everybody happy,
the simplest task is to be happy with everyone.

(가장 어려운 일은 모든 사람을 행복하게 해 주는 것이고,
가장 간단한 일은 모든 사람과 함께 행복해하는 것이다.)

고등학생 때 내 반의 모든 친구들과 친해져야 하는 것 아닌가 생각
했던 적이 있습니다.
그럴 만한 깜냥도, 그러고 싶은 마음도 없었으면서 괜한 생각을 어
울리지 않게 했던 걸로 기억합니다.

우리가 '모든 사람에게 잘해 줘야지.'라고 생각하면 부담이 될 수
있고, 나에게서 그에게로 향하는 일방향의 관계가 될 수 있습니다.

하지만 나와 관계를 맺고 있는 사람들과 만나고 일하고 대화할 때
그저 그들과 함께 지금 이 순간 행복을 누리고자 한다면 그것은 부

담이 되지 않겠죠.

저에게 위 메시지를 보내 주신 분도 그처럼 '바로 지금 이 순간 함
께하는 기쁨'을 우리가 쉽게 누릴 수 있음을 말해 주고 싶지 않았을
까요?
관계를 복잡하고 어렵게 생각하는 저 같은 사람에게 울림을 주는
말입니다.

**사람들과의 관계는 예민하기보다는 가벼운 마음이면 되는 것 같습니
다. 오늘 누군가와 만난다면 편한 마음으로 함께 시간을 보내야겠습
니다.**
하나님의 사랑을 받는 우리는 결국 한 몸의 지체들이니까요.

(신33:3) 여호와께서 백성을 사랑하시나니 모든 성도가 그 수중에 있
    으며 주의 발 아래에 앉아서 주의 말씀을 받는도다

그대의 작은 위로가 되어

〈위로〉

작사 양요섭 / 작곡 1601 / 편곡 1601

오늘따라 그대 슬퍼 보이네요
무슨 일이 있었는지 내게 말해 줄래요
그대 무거운 그 마음을
내가 함께 들어 줄게요
내게 내게 얘기해줘요

You, 그댄 너무 소중한 사람
작은 일들로 상처받지 말아요
You, 그댄 내게 중요한 사람
좀 더 그댈 아껴줘요

그래요 그래요 그래요 울어도 돼요
슬픈 기억들도 아픈 생각들도 눈물로 지워요
그대의 그대의 그대의 작은 위로가 되어
그대 힘들 때마다 안아 줄게요

요즘 따라 그대 쓸쓸해 보여요

모두 헤아릴 순 없겠지만 안아 줄게요
그대 뜨거운 그 눈물을
내가 함께 흘려 줄게요
내게 내게 안겨도 돼요

You, 그댄 너무 소중한 사람
작은 일들로 상처받지 말아요
You, 그댄 내게 중요한 사람
좀 더 그댈 사랑해줘요

밤이 지나고 나면 해가 뜨고
비가 그치고 나면 맑아지듯
그대의 기나긴 슬픔의 시간
모두 무뎌질 때까지
내가 곁을 지켜 줄게요

그래요 그래요 그래요 웃어주세요
슬픈 기억들도 아픈 생각들도 사라질 거예요
그대의 그대의 그대의 작은 위로가 되어
그대 힘들 때마다 안아 줄게요
그대 힘들 때마다 안아 줄게요

한밤중에 이 〈위로〉라는 노래를 듣는데,
위로가 되고 감동이 되었습니다.

〈위로〉라는 이 노래를 들으면서
내가 누군가에게 위로가 될 수 있다면
좋겠다는 생각이 마음속에 스며들어 왔습니다.

제가 힘들어할 때 나를 위로해 준
그 수많은 사람들처럼 말이에요.

그런데 '위로의 원천'은
과연 무엇인가요?

바로 우리를 한없이 사랑하시는
하나님의 마음이지요.

그 "위로의 하나님"은
하나님께 위로받은 우리가
하나님의 그 위로의 마음 따라
가족과 이웃을 위로해 주기를 바라실 것입니다.

위로의 방식은 각자의 사정과 은사와
환경에 따라 달라질 수 있을 것입니다.

누구는 미소로, 누구는 유머로,
누구는 말로, 누구는 편지로, 누구는 선물로
누구는 지지로, 누구는 도움으로, 누구는 격려로….

위로라고 해서 꼭 커다란 위로가 필요한 것은 아니겠지요.

〈위로〉라는 노래의 가사 중에 특히
마음에 와 닿은 것이 있습니다.

그대의 작은 위로가 되어
그대 힘들 때마다 안아 줄게요

우리는 그저 늘 내 옆의 가족, 내 옆의 이웃의
'작은 위로'가 되어 주기만 하면 됩니다.

물론 '작은 위로'이지만, 그 작은 위로 안에는
다음과 같은 메시지가 담겨 있습니다.

그댄 너무 소중한 사람
그댄 내게 중요한 사람

지금 나의 위로를 필요로 하는 사람이 있나요?
그 사람을 위해 작은 위로를 실천해 봅시다.

믿는 자들의 이 작은 위로가 모여
모든 환난 가운데 있는 자들이
구원의 길로 인도되기를
간절히 소망합니다.

(고후1:1) 하나님의 뜻으로 말미암아 그리스도 예수의 사도 된 바울과 및 형제 디모데는 고린도에 있는 하나님의 교회와 또 온 아가야에 있는 모든 성도에게

(고후1:2) 하나님 우리 아버지와 주 예수 그리스도로 좇아 은혜와 평강이 있기를 원하노라

(고후1:3) 찬송하리로다 그는 우리 주 예수 그리스도의 하나님이시요 자비의 아버지시요 모든 위로의 하나님이시며

(고후1:4) 우리의 모든 환난 중에서 우리를 위로하사 우리로 하여금 하나님께 받는 위로로써 모든 환난 중에 있는 자들을 능히 위로하게 하시는 이시로다

(고후1:5) 그리스도의 고난이 우리에게 넘친 것같이 우리의 위로도 그리스도로 말미암아 넘치는도다

(고후1:6) 우리가 환난받는 것도 너희의 위로와 구원을 위함이요 혹 위로받는 것도 너희의 위로를 위함이니 이 위로가 너희 속에 역사하여 우리가 받는 것 같은 고난을 너희도 견디게 하느니라

(고후1:7) 너희를 위한 우리의 소망이 견고함은 너희가 고난에 참여하는 자가 된 것같이 위로에도 그러할 줄을 앎이라

살아가는 것과 사랑하는 것

국어: 살다 / 사랑하다
영어: live / love
독어: leben / lieben

모두 다,
'살다 / 사랑하다'를 뜻합니다.

'살다'와 '사랑하다'가 철자와 발음이
비슷한 것을 보면 인간은
'삶이 곧 사랑'임을 알고
지내 온 듯합니다.

그런데 이 사랑도 사람에 따라
생각하는 바와 행동하는 바가
크게 다를 수 있습니다.

인생의 시간이 흘러가도
'도대체 사랑이란 무엇인가' 하며
해답을 얻지 못한 이들도 있습니다.

급기야는 "사랑 따위야…"
자조하는 이들도 있습니다.

그러나 '살아가는 것이 곧 사랑하는 것'이듯
사랑은 끊임없는 우리의 연구 대상이자
도전 과제입니다.

사랑에 관한 세상의 가장 큰 오해는
'사랑에는 욕심이 필요하다'는
생각이 아닐까 싶습니다.

내 것인 양 차지하려고 하고,
잔뜩 나의 기대를 투영하고,
내 뜻대로 좌지우지하려 하고
심한 집착과 애착과 애증을 보이면
그것은 더 이상 사랑이라 이름할 수 없겠지요.

(레19:18) 원수를 갚지 말며 동포를 원망하지 말며 이웃 사랑하기를
　　　네 몸과 같이 하라 나는 여호와니라

위 성경 구절 가운데 "이웃 사랑하기를
네 몸과 같이 하라"라는 말씀은
나 스스로를 똑바로 사랑하고,
이웃도, 내가 나 자신을 사랑하듯,

똑바로 사랑하라는 말씀으로 들립니다.

나에 대한 사랑이든
이웃에 대한 사랑이든
사랑을 알아야 가능하겠죠.

(고전13:4) 사랑은 오래 참고 사랑은 온유하며 투기하는 자가 되지
　　아니하며 사랑은 자랑하지 아니하며 교만하지 아니하며
(고전13:5) 무례히 행치 아니하며 자기의 유익을 구치 아니하며 성내
　　지 아니하며 악한 것을 생각지 아니하며
(고전13:6) 불의를 기뻐하지 아니하며 진리와 함께 기뻐하고
(고전13:7) 모든 것을 참으며 모든 것을 믿으며 모든 것을 바라며 모
　　든 것을 견디느니라

고린도전서에 기록된 사랑에 관한 말씀은
참으로, '사랑이란 무엇인가?'라는
질문에 대한 완벽한 해답으로,
마음속 깊이 와 닿습니다.

(요일4:7) 사랑하는 자들아 우리가 서로 사랑하자 사랑은 하나님께
　　속한 것이니 사랑하는 자마다 하나님께로 나서 하나님을 알고
(요일4:8) 사랑하지 아니하는 자는 하나님을 알지 못하나니 이는 하
　　나님은 사랑이심이라
(요일4:9) 하나님의 사랑이 우리에게 이렇게 나타난 바 되었으니 하

나님이 자기의 독생자를 세상에 보내심은 저로 말미암아 우리를
살리려 하심이니라

(요일4:10) 사랑은 여기 있으니 우리가 하나님을 사랑한 것이 아니요
오직 하나님이 우리를 사랑하사 우리 죄를 위하여 화목제로 그
아들을 보내셨음이니라

(요일4:11) 사랑하는 자들아 하나님이 이같이 우리를 사랑하셨은즉
우리도 서로 사랑하는 것이 마땅하도다

(요일4:12) 어느 때나 하나님을 본 사람이 없으되 만일 우리가 서로
사랑하면 하나님이 우리 안에 거하시고 그의 사랑이 우리 안에
온전히 이루느니라

만약 내가 사랑을 잘 모르겠거든,
만약 내 안에 사랑이 부족하거든
하나님의 독생자 보내 주신 그 사랑을
생각하며 그 사랑 나누게 하소서.

사랑하라, 한 번도 상처받지 않은 것처럼

춤추라,
아무도 바라보고 있지 않은 것처럼.

사랑하라,
한 번도 상처받지 않은 것처럼.

노래하라,
아무도 듣고 있지 않은 것처럼.

일하라,
돈이 필요하지 않은 것처럼.

살라,
오늘이 마지막 날인 것처럼.

– 알프레드 디 수지

이렇게 춤추고
이렇게 사랑하고
이렇게 노래 부르고
이렇게 일하고 있는가.

이렇게 오늘을 살고 있는가.

십자가 지고 가는 삶이
바로 이렇게 사는 삶일 텐데
작은 일에도 제 십자가를 내려놓습니다.

사랑하라,
한 번도 상처받지 않은 것처럼.
은혜와 회개로 모든 상처 치유받아
상처로부터 자유롭게 사는 사람.
하여 상처 받지도, 상처 주지도 않는 사람.

일하라,
돈이 필요하지 않은 것처럼.
하나님이 주신 소명과 은사로
하나님께 영광을 올려드리는 사람.

살라,
오늘이 마지막 날인 것처럼.
주신 오늘에 감사하며 최선을 다하여
춤추고 사랑하고 노래하고 일하는 사람.
하나님의 복을 온전히 누리는 사람.
하나님의 사람답게 살기 위해
매일 회개하고 도전하는 사람.

오늘 내가 꿈꾸는
나의 모습입니다.

가능할까요?

내가 가능한가, 불가능한가가 아니라,
하나님이 이미 이루신 일임을
너무나 자주 잊고 삽니다.

우리는 타락한 죄인임에도 불구하고
조건 없는 사랑을 받은 존재입니다.
그 값없는 은혜의 사랑을
매 순간 받고 있습니다.

부끄럽고,
감사합니다.

그 사랑을 받고도 너무나 작은 자라 부끄럽고,
그 사랑을 받을 자격이 없음에도
주시니 감사할 따름입니다.

회개하고 도전합니다.
오늘 하나님의 그 놀라운 사랑이
믿는 우리를 통해 전해지기를

나의 사랑이...

간절히 소망합니다.

하나님 뜻대로
온전히 살기를
간구합니다.

(고후 12:9)
내게 이르시기를 내 은혜가 네게 족하도다
이는 내 능력이 약한 데서 온전하여짐이라 하신지라
이러므로 도리어 크게 기뻐함으로
나의 여러 약한 것들에 대하여 자랑하리니
이는 그리스도의 능력으로 내게 머물게 하려 함이라

사랑의 사고

생각의 차이가 사람의 차이를 만든다.

그렇다면 좋은 교육이라 하면,
사고력(思考力)을 길러주는 교육이겠죠.

사고력에는
논리에 대한 이해/편집 능력/언어 능력/
관계성/수리적 계산과 추리/상상/적용/응용 등이 포함됩니다.
인간이 하는 모든 일들이 이 사고력에 따라 결과가 달리 나타나지요.

이 사고력은 인간에게 주어진 놀라운 선물입니다.
잘 성장시키고 잘 적용한다면 세상에 큰 유익이 되니까요.

세계에서 가장 유명한 대학교인 하버드대학은,
교수가 학생들에게 지식을 많이 가르쳤느냐가 아니라,
뛰어난 사고력을 가지도록 가르쳤는지에 집중한다고 합니다.
그리고 하버드대학과 교수진은 훈련하면 이 사고력이 강화된다고
봅니다.

이러한 철학과 전통과 열정의 시너지로 세상을 변화시키는

인재들이 하버드대학에서 계속해서 배출되고 있는 것이겠지요.

우리나라는 사고력 교육 측면에서 천천히 시도하면서 개선해야 합니다.

왜 '천천히'일까요?

모든 일이 첫술에 배부르지 않지만, 특히나 교육은 더 그렇습니다. 특히 우리나라는 교육을 담당할 어른들부터가 사고력 훈련이 되어 있질 않죠.

저부터도 '아이의 사고력을 길러주어야 한다.'라고 생각할 때가 많지만 무엇에 대해, 무슨 질문을 하고, 그래서 아이가 무엇을 하도록 도와야 하는지 이렇다 할 '사고(思考)'를 하지 못한 채 아이들의 나이는 늘어만 가고 있습니다.

왜 어려운 걸까요?

한국은, 이게 복잡합니다.
고기도 먹어본 사람이 먹는다고
사고력도 스스로 키워본 사람이 있어야
아이들에게도 적합한 훈련을 할 기회를 주겠죠.

이것은 단지 학벌사회, 입시제도, 사교육의 문제만은 아닙니다.

가정과 회사와 사회를 보면 우리는 이미 사고력을 기반으로
업무를 수행하고 관계를 형성하지 않습니다.
그리고 이건 오래된 이야기입니다.

단지 4차 산업혁명 시대에는 창의력과 협업능력이 중요하므로
교육도 바뀌어야 한다는 수준의 논의가 아니라
사고력이 무엇이고 세상에 유익을 주기 위해
우리는 서로 무엇을 하면서 사고력을 키울지
첫 고민부터 사고력을 발휘해야 할 것입니다.

40대인 저는 이미 사회에 물든 선입견이 있고,
스스로 갖고 강화하는 고집과 편견이 있으며,
사고(思考)하지 않는 핑계와 습관이 있습니다.

즉, 사고력 발휘와 성장을 방해하는 요소부터
과감하게 버려야 저는 사고(思考)할 수 있습니다.

사실 사고력(思考力)은 하나님이 주신 놀라운 선물입니다.

그런데 하나님은 우리가 사랑을 전제로 사고(思考)하기를 바라십니다.
'사랑의 사고(思考)'야말로 나 자신과 나의 가족과 사회 모두를
유익하게 하는, 그야말로 선순환과 시너지의 기적을 일으키는 보물
입니다.

논리와 사랑이 별개가 아니라 사랑이 전제가 되어야
논리가 산다는 것.
그러므로 사랑은 논리의 생명이 되어주는 셈이겠지요.

논리(論理)

「1」말이나 글에서 사고나 추리 따위를 이치에 맞게 이끌어 가는 과
정이나 원리.
「2」사물 속에 있는 이치. 또는 사물끼리의 법칙적인 연관.

요컨대, 진정한 사고력은
하나님과 인간에 대한 사랑을 근간으로
각자 받은 은사대로 역할과 책임을 다함으로써
그 영향력을 확대해나가는 것이라 하겠습니다.

우리 사회는 이 사랑부터 회복해야 할 것입니다.
그때서야 사고력이 천천히 발휘되고 향상될 길이 열리겠지요.

우리가 교육을 할 때도, 교육을 받을 때도,
직업을 선택할 때도, 업무를 수행할 때도,
수많은 관계를 형성하고 발전시킬 때도
사랑의 사고(思考)를 한다면 자기 자신과
가족과 이웃과 세상에 유익이 될 것입니다.

(고전13:1) 내가 사람의 방언과 천사의 말을 할지라도 사랑이 없으면 소리 나는 구리와 울리는 꽹과리가 되고

(고전13:2) 내가 예언하는 능이 있어 모든 비밀과 모든 지식을 알고 또 산을 옮길 만한 모든 믿음이 있을지라도 사랑이 없으면 내가 아무것도 아니요

(고전13:3) 내가 내게 있는 모든 것으로 구제하고 또 내 몸을 불사르게 내어 줄지라도 사랑이 없으면 내게 아무 유익이 없느니라

모든 것을 사랑으로 받는다면

엄마한테 혼날 때 둘째 딸(4세)의 반응이 재밌습니다.

"엄마가 좋아"라고, 그 상황에서
다소 뜬금없을 수도 있는 말을 매번 하는 겁니다.
큰소리를 내며 울 때도 "엄마 좋아"만을 외칩니다.

그러고 보니까 첫째 딸(9세)도
유아 때부터 아무리 엄마가 혼을 내도
엄마 곁에 꼭 붙어서 엄마만 졸졸 따라다닙니다.
숨길 수 없는 엄마의 사랑을 잘 알고 있기 때문이겠지요.
변치 않는 하나님의 사랑에 대해 우리는 이렇게 어린아이가 되어야
겠습니다.

이처럼 아이는 어른과 크게 다릅니다.
어른은 자기에게 뭐라 하는 사람에게 거부감을 보이는데
아이는 오히려 사랑으로 받아침으로 결국 사랑을 이끌어내니까요.

그렇게 아이는 사랑받을 줄도 알고, 사랑할 줄도 압니다.

우리가 이처럼 사랑을 아는 어린아이처럼

**무슨 상황에서건 오직 사랑으로 받는다면
우리 사이에는 놀라운 변화가 일어나지 않을까요?**

사랑이 주는 그 놀라운 변화를 위해 기도합니다.

우리를 사랑으로 지어주시고 죄인 된 우리를 위해
독생자 예수 그리스도를 속죄 제물로 보내주시고
언제나 사랑으로 우리를 인도해주시는 하나님,
사랑이신 하나님 안에서 우리가 오직 사랑하며 살게 하소서.
그리하여 죄와 허물과 미움과 두려움을 사랑으로 덮는 '사랑의 사
람' 되게 하소서.

(잠10:12) 미움은 다툼을 일으켜도 사랑은 모든 허물을 가리우느니라
(롬13:9) 간음하지 말라, 살인하지 말라, 도적질하지 말라, 탐내지 말
라 한 것과 그 외에 다른 계명이 있을지라도 네 이웃을 네 자신
과 같이 사랑하라 하신 그 말씀 가운데 다 들었느니라
(롬13:10) 사랑은 이웃에게 악을 행치 아니하나니 그러므로 사랑은
율법의 완성이니라
(고전13:4) 사랑은 오래 참고 사랑은 온유하며 투기하는 자가 되지
아니하며 사랑은 자랑하지 아니하며 교만하지 아니하며
(고전13:5) 무례히 행치 아니하며 자기의 유익을 구치 아니하며 성내
지 아니하며 악한 것을 생각지 아니하며
(고전13:6) 불의를 기뻐하지 아니하며 진리와 함께 기뻐하고
(고전13:7) 모든 것을 참으며 모든 것을 믿으며 모든 것을 바라며 모

든 것을 견디느니라

(고전13:8) 사랑은 언제까지든지 떨어지지 아니하나 예언도 폐하고 방언도 그치고 지식도 폐하리라

(벧전4:8) 무엇보다도 열심으로 서로 사랑할지니 사랑은 허다한 죄를 덮느니라

(요일4:7) 사랑하는 자들아 우리가 서로 사랑하자 사랑은 하나님께 속한 것이니 사랑하는 자마다 하나님께로 나서 하나님을 알고

(요일4:8) 사랑하지 아니하는 자는 하나님을 알지 못하나니 이는 하나님은 사랑이심이라

(요일4:14) 아버지가 아들을 세상의 구주로 보내신 것을 우리가 보았고 또 증거하노니

(요일4:15) 누구든지 예수를 하나님의 아들이라 시인하면 하나님이 저 안에 거하시고 저도 하나님 안에 거하느니라

(요일4:16) 하나님이 우리를 사랑하시는 사랑을 우리가 알고 믿었노니 하나님은 사랑이시라 사랑 안에 거하는 자는 하나님 안에 거하고 하나님도 그 안에 거하시느니라

(요일4:17) 이로써 사랑이 우리에게 온전히 이룬 것은 우리로 심판 날에 담대함을 가지게 하려 함이니 주의 어떠하심과 같이 우리도 세상에서 그러하니라

(요일4:18) 사랑 안에 두려움이 없고 온전한 사랑이 두려움을 내어쫓나니 두려움에는 형벌이 있음이라 두려워하는 자는 사랑 안에서 온전히 이루지 못하였느니라

(요일4:19) 우리가 사랑함은 그가 먼저 우리를 사랑하셨음이라

(요일4:20) 누구든지 하나님을 사랑하노라 하고 그 형제를 미워하면

이는 거짓말하는 자니 보는 바 그 형제를 사랑치 아니하는 자가 보지 못하는 바 하나님을 사랑할 수가 없느니라

(요일4:21) 우리가 이 계명을 주께 받았나니 하나님을 사랑하는 자는 또한 그 형제를 사랑할지니라

(요일5:1) 예수께서 그리스도이심을 믿는 자마다 하나님께로서 난 자니 또한 내신 이를 사랑하는 자마 다 그에게 난 자를 사랑하느니라

(요일5:2) 우리가 하나님을 사랑하고 그의 계명들을 지킬 때에 이로써 우리가 하나님의 자녀 사랑하는 줄을 아느니라

(요일5:3) 하나님을 사랑하는 것은 이것이니 우리가 그의 계명들을 지키는 것이라 그의 계명들은 무거운 것이 아니로다

(요일5:4) 대저 하나님께로서 난 자마다 세상을 이기느니라 세상을 이긴 이김은 이것이니 우리의 믿음이니라

(요일5:5) 예수께서 하나님의 아들이심을 믿는 자가 아니면 세상을 이기는 자가 누구뇨

하나님, 모든 것을 이기며 모든 것을 껴안는 사랑을
우리에게 주셔서 감사합니다.
그 사랑을 믿고 행함으로
강건하고 담대하게 살게 하소서.
사랑이신 하나님을 사랑합니다.
그 사랑으로 모든 사람들을 사랑하게 하소서.

사랑과 미움 사이에서

"누군가를 미워하며 함께할 수 있는가?"

함께 살아가도록 지음받은 인간이
스스로에게 던져야 할 질문입니다.

서로 사랑하도록 지음받은 인간은
그러나, 스스로는 사랑할 수 없습니다.
본성이 이기적이기 때문입니다.
그러므로 아무리 선과 악 사이에서
스스로 싸워 이겨 내 보려 해도
결국 패배할 수밖에 없습니다.

**가족 간에, 친구 간에, 이웃 간에,
동료 간에, 이해관계자 간에,
사회 구성원 간에 갈등이 생길 때
나를 봅시다.**

내가 아무리 머리로 계산하고
마음 정리를 해 보려 애써도
나의 마음은 평안치가 않죠.

"누군가를 미워하며 함께할 수 있는가?"

그래서 이 질문을 던지게 됩니다.
그리고 나 자신을 살피게 됩니다.

사랑함으로 서로 평안해지는 것이 아니라,
미워하면서도 억지로 함께하거나
미워서 피하고 맙니다.

물론 맞지 않는 사람과 억지로 함께하면서
스트레스를 받는 것은 현명치 못합니다.
그러나 우리에게 미움이 남아 있다면
우리는 사랑으로 그 미움을
제거해야 합니다.

미움을 상대로 승리를 거둬야 합니다.

우리는 스스로 사랑하지는 못하지만,
사랑의 하나님께 부르심을 받습니다.

미움이 올라올 때가 있습니다.
사랑하기 힘들 때가 있습니다.
그러나, 결국 나 자신을 보게 됩니다.
사랑이 없는 나, 사랑하지 않는 나.

이 세상에서 함께 살아가다 보면
사랑과 미움 사이에서 마음속
전쟁이 수시로 벌어집니다.

성향 차, 견해 차, 입장 차, 방식 차….

하지만 전쟁의 사유는 동일합니다.
마음속 전쟁이 길든 짧든
그 결국도 동일합니다.

주님 앞에 사랑이 없는 나를
애통해하며 회개하는 것입니다.
그리고 주님께 사랑의 마음을
간절히 구하는 것입니다.

"죄는 미워하되, 사람은 미워하지 말라."

우리는 죄는 한없이 미워해야 하지만
사람은 한없이 사랑하라는
가르침을 받았습니다.

(요13:34) 새 계명을 너희에게 주노니 서로 사랑하라 내가 너희를 사
랑한 것같이 너희도 서로 사랑하라

주님, 사랑 없는 이 죄인의
강퍅한 마음을 부드럽게
해 주시기를 간구합니다.
사랑과 공의로 모든 것을 주관하시는
하나님의 뜻을 따르게 하소서.

(요13:35) 너희가 서로 사랑하면 이로써 모든 사람이 너희가 내 제자
    인 줄 알리라

사랑이 위대한 이유는
사랑하기 어려울 때에
사랑하기 때문입니다.

사랑이 전부인 이유는
하나님이 사랑이시고
이 세상과 인간 모두
오직 사랑을 위해서
존재하기 때문입니다.

그러므로
주님께 모든 것을 의지함으로
'사랑의 사람' 되기를 간구합니다.

Chaper 4

나의 가정이...

여호와께서 집을 세우지 아니하시면

아이들에게 이혼은 어느 날 부모 한 명이 증발하는 일이고, 남은 부모의 안색을 살피는 고도의 정신노동이 부과되는 삶이며, '너라도 잘 커야' 하는 장기 채무가 발생하는 사건이다. 그래서 아이에게 어떤 고통도 주지 말라는 게 아니라 옆에서 생생한 아픔을 겪는 한 존재가 있음을 놓치지 말아야 한다는 것. 애들은 몰라도 되는 어른 문제 따위는 없다는 것이다.
– 〈한겨레〉 칼럼, 〔삶의 창〕 우리가 한바탕 이별했을 때 / 은유

이혼에 대해 '현실적인' 통찰을 보여 줍니다.

부부가 결혼하고서부터 서로를 이해하고 배려하고 도와주며 사랑을 나눈다면 그보다 축복이 되는 것이 없을 텐데, 관점과 습관과 취향이 다르다는 이유로, 그리고 서로 자존심과 욕심을 내세우다가 작은 싸움이 자꾸 잦아지면 하나로 맺어진 둘 사이에 벽이 생기고 맙니다.

결혼생활에는 그러나 이 벽을 허무는 과정이 반드시 포함되어 있음을 우리는 결혼을 전후해서는 거의 알지 못합니다. 이미 결혼한 사람들이 보통 농담 반 진담 반 섞어 가며 해 주는 조언도 신혼부부에게는 남의 이야기나 우스갯소리로만 들릴 뿐입니다.

하지만 결혼한 지 3년 정도 될 때까지 부부는 서로의 전부를 공유하게 됩니다. 민낯이 그대로 드러나는 것이죠. 그래서 결혼 후 3년까지가 중요한 것 같습니다. 그때 각자 마음속으로 서로 이해하고 부족한 면을 변화시킬 마음자세를 지니고 있어야 하는 것이죠.

회사생활도 3년/6년/9년 이렇게 369가 고비라고 하듯이 결혼생활도 마찬가지인 것 같습니다. 3년 동안 이 모습 저 모습 봐도 또 3년 동안, 그러고도 또 3년 동안 이 모습 저 모습 또 보게 됩니다. 비로소 그 같은 우여곡절의 9년을 넘어 10년쯤 되면 이제 어느 정도 서로를 이해하게 되는 듯합니다.

하지만 여기서 끝이 아니라는 것을 부부들은 늘 명심해야 할 것입니다. 때로는 경제적인 이유로, 때로는 가정사로, 때로는 아이들 문제로 힘들어질 때 부부는 힘과 지혜를 합해야 합니다. 기쁨은 함께 나누고, 특히 고난의 시기에 합심해야 합니다.

"(지금은 사랑하지 않지만) 사랑했을 때를 생각하며 어쩌어찌 지낸다."는 말을 들으면 마음이 아픕니다. 저 역시 이렇게 되어선 안 되겠죠. 두려운 일입니다. 부부가 잘 지내다가 벽이 생기고 그 벽이 자꾸만 높아지다 보면 남보다 더 못한 사이가 되지 않나요? 그것이 결혼생활에서 가장 두려운 일이죠.

"내가 마음 같아서는 헤어지고 싶지만 자식들 보고 그냥 살아 준다."는 말은 또 어떤가요? 부부간에도 무척이나 해로운 말이지만,

자식들에게도 결코 좋지 않습니다. 화목하지 않은 가정에서 자라고 지내야 하는 것만큼 아이들에게 끔찍한 일이 또 있을까요?

부모가 싸우는 모습을 봐야 하는 것만큼 자녀들에게 상처와 불안이 되는 것이 또 있을까요? 무엇이 이유가 됐든 부부끼리 언쟁하고, 논쟁하고, 투쟁하는 일은 그래서 결코 하지 말아야 할 것입니다.

아이들에게 이혼은 어느 날 부모 한 명이 증발하는 일이고, 남은 부모의 안색을 살피는 고도의 정신노동이 부과되는 삶이며, '너라도 잘 커야' 하는 장기 채무가 발생하는 사건이다. 그래서 아이에게 어떤 고통도 주지 말라는 게 아니라 옆에서 생생한 아픔을 겪는 한 존재가 있음을 놓치지 말아야 한다는 것. 애들은 몰라도 되는 어른 문제 따위는 없다는 것이다.
-〈한겨레〉칼럼, 〔삶의 창〕우리가 한바탕 이별했을 때 / 은유

다시 봐도 참 명쾌한 고찰입니다. 부부 싸움과 이혼이 자녀에게 주는 해악은 이렇게 현실적, 구체적, 심정적으로 고려되어야 할 것입니다. 단, 자녀를 생각하기 이전에 부부간에 진정으로 화해하는 것이 우선이겠죠.

부부가 10년을 살았으면, 이제 20년, 30년, 40년, 50년째 동고동락할 기회가 또 있겠죠. 시간이 지날수록 부부간에 사랑과 예의를 지키면서 산다면 아무리 함께하는 시간이 많아도 그리 어려운 일은 아니지 싶습니다.

단, 부부 사이에 벽이 생기기 시작했다면, 그리고 그 벽이 큰일을 내기 전에 부부간에 사랑의 애통함이 있어야 할 것입니다. 서로를 위해 그렇게 울고 나서, 비로소 부부는 함께 웃으며 살아갈 수 있을 것입니다.

그리고 나의 배우자가 된 소중한 배우자에게 많이 부족한 나 자신에 대해 애통해할 때 부부는 낮은 자세로 서로에 대한 섬김과 도움을 마음으로부터 발휘할 수 있을 것입니다.

이러한 부부의 동고동락을 통해 아버지와 어머니 간의 따뜻하고 애정 어린 모습을 자녀들이 보면서 자랄 때 그 자체로 자녀들은 가정의 축복을 누리고, 그들의 마음밭에 아름다운 모양의 생명의 씨앗들이 자연스레 심어질 것입니다.

각각의 특별한 가정의 특별한 남편과 특별한 아내 사이에 사랑이 더욱더 깊어지고, 그 깊어지는 사랑을 자녀들이 마음껏 누림으로 작은 천국 된 가정의 해맑은 웃음꽃이 활짝 피어나기를 간절히 소망합니다.

(시127:1) 여호와께서 집을 세우지 아니하시면 세우는 자의 수고가 헛되며 여호와께서 성을 지키지 아니하시면 파수꾼의 깨어 있음이 헛되도다

부부의 SWOT 분석 & 사랑의 콩깍지

SWOT 분석은 기업 환경을 분석해 강점(Strength)과 약점(Weakness), 기회(Opportunity)와 위협(Threat) 요인을 규정하고, 이를 토대로 마케팅 전략을 수립하는 기법을 말합니다.

기업의 내부 환경을 분석해 강점과 약점을 발견하고, 기업의 외부 환경을 분석해 기회와 위협을 찾아냅니다. 이를 기반으로 강점은 살리고 약점은 죽이고, 기회는 활용하고 위협은 억제하는 마케팅 전략을 수립하는 것이죠.

부부간에 갈등이 생기는 가장 큰 이유는, 결혼 전에는 서로 SWOT 분석을 거의 하지 않기 때문인지도 모릅니다.

연애할 때는 강점과 약점을 보려고 하지도 않을뿐더러, 어쩌다 눈에 보인다 해도 이미 눈에는 콩깍지가 씌어 있어 오히려 강점은 훨씬 더 큰 강점으로, 약점은 강점으로 보입니다. 결혼을 통해 생길 기회와 위협 요인도 거의 눈에 들어오지를 않습니다.

그런데 생각해 보면, 남녀가 결혼하기 전에 서로를 치밀하게 분석하려고 한다면, 애초에 그 결혼은 성립하기 어려울 것입니다. 분석하다 보면 꼭 무엇이 한참 부족해 보이고, 꼭 무엇이 나와 맞지 않아 보일 것이기 때문입니다. 사람은 누구나 강점과 약점이 있기 때문에 당연한 일입니다.

그리고 결혼하기 전에, 결혼 후 외부적으로 겪게 될 기회와 위협을 서로 조사한다면,
이렇게 전혀 완전하지 않으며, 전혀 다른 삶을 살아 온 남녀가 결혼합니다. 그런데 결혼은 모든 일을 같은 곳에서 함께하는 것이기 때문에 안 그래도 콩깍지가 벗겨져 가는데 서로의 강점과 약점, 이 가정의 기회와 위협이 드러나지 않을 수가 없습니다.

이때부터가 부부의 사랑이 진정으로 빛을 발해야 할 때입니다. 연애할 때는 '열정의 사랑'이 둘을 이어 주었다면, 결혼한 후에는 '진정의 사랑'으로 씨를 뿌리고 열매를 맺어야 하는 것입니다.

그런데, 진정한 사랑을 마음속에 품은 채로 씨 뿌리고 열매 맺는 전 과정이 결코 녹록지 않습니다. 배우자의 약점을 강점으로 바꿔야 할 것 같고, 가정의 위협 요인을 없애야 할 것 같습니다.

그러나, 가정은 기업과는 다릅니다. 무엇을 바꾸기 위해서, 경제만을 위해서 가정을 이룬 것이 결코 아닙니다. 사랑하는 남녀가 서로 배려하고 포용하고 동반 성장하기 위해 가정을 꾸린 것입니다.

즉, 부부는 결혼 후 자연스럽게 SWOT 분석을 하지만, SWOT 분석은 배려와 포용과 동반 성장을 위해 활용해야 합니다.

물론 부부는 사랑의 눈으로, 믿음의 눈으로, 소망의 눈으로 SWOT 분석을 해야겠죠. 함께 나아지기 위해서, 나아가기 위해서 SWOT 분석을 하는 것입니다. 부부 중에 누가 더 낫다는 것을 밝혀내거나, 누가 더 손해 보고 있다는 것을 밝혀내기 위해 SWOT 분석을 해서는 안 되겠지요. 결국 다툼만을 유발할 테니까요. 상처만 남습니다.

'사랑과 믿음과 소망의 SWOT 분석'을 할 줄 아는 부부 밑에서 자라는 자녀들은 당연히 지혜로운 연애와 결혼, 가정생활을 할 수 있을 것입니다.

연애와 결혼은 극과 극의 차이를 보일 수밖에 없습니다. 연애할 때는 서로에게 잘 보이려고 약점은 감추고, 강점은 드러내잖아요. 그런데 결혼하고 나서는 언제 그랬냐는 듯 이 모습 저 모습 다 보여줍니다.

연애 때 콩깍지가 벗겨져 간다 해도, 콩깍지가 전부 다 사라지게 할 필요는 없을 것입니다. 정으로 의리로 사는 것은 한계가 있습니다. 사랑의 콩깍지를 자꾸 눈에 심어야 합니다.

그리고 결혼하고 나서 부부 생활은 노력의 연속이어야 합니다. 각자 그리고 함께 변화해 나가야 합니다. 더 나아지고, 더 나아가기 위해서 서로 위로하고 격려하며 전진해야 합니다. 가정에 찾아오는 기회는 적극 활용하고, 위협은 함께 헤쳐 나가야 합니다.
경제/가사, 자녀/부모, 건강/노후 등등 가정생활은 노력을 요하지 않는 것이 하나도 없습니다. 그러나 어렵다고만 생각지 말고, '사랑의 SWOT 분석'을 해 나간다면 어떨까요? 콩깍지도 다시 심어 가면서요. 물론 이 콩깍지는 이제 안 보이게 하는 것이 아닙니다. 오히려 서로를 잘 바라보게 해 주는 '사랑의 콩깍지'입니다.

(시 127:1) 여호와께서 집을 세우지 아니하시면 세우는 자의 수고가 헛되며 여호와께서 성을 지키지 아니하시면 파수꾼의 깨어 있음이 헛되도다

아름다운 꽃처럼 말한다면

'말의 힘'에 대한 실험은 워낙 많이 회자돼
이제는 사람들이 너무나 잘 알고 있죠.

사랑한다고 말해 준 꽃과
밉다고 말한 꽃.

고맙다고 말해 준 쌀밥과
짜증 난다고 말한 쌀밥.

예쁘게 말하면 자라지만,
나쁘게 말하면 시듭니다.

예쁜 말과 나쁜 말의
결과는 완전 다릅니다.

살리는 말, 죽이는 말의
차이라고 할 수 있겠죠.

그런데 혹시 '말의 힘'에 대한
이런 실험 결과의 의미를

깊게 생각하지 않거나,
나 자신의 말 습관에는
적용하지 않는 건 아닌지요?

학생들에게 '말이 주는 위대한 힘'에 대해 가르치는
심리학 박사 할 어반(Hal Urban)은 말합니다.

**"인간은 말을 만들고,
그 말은 인간을 만든다."**

내가 하는 말이 곧 나 자신인 셈이죠.

식물도 예쁜 말과 나쁜 말에
아주 민감하게 반응하는데,
동물은, 그중에서도
생각하는 동물인
인간은 오죽할까요?

말 한마디에 인생의 전환점을
맞기도 하는 게 우리 인간 아닌가요?

그런데 우리는 말이 곧 나 자신이라는
생각을 잘 하지 못합니다.

그리고 나의 말이 누군가에게
큰 영향을 미칠 수 있다는 점도
평소에는 별로 생각하지 않는 것 같습니다.

특히 가족 간에 더 그런 것 같습니다.

가족 간에 서로 하는 말은
인생을 살아가는 데 엄청나게
중요하게 작용하는데도 말이죠.

가족끼리 서로 평생 주고받을
말의 양을 생각해 보면 당연합니다.

그런데도 가족 간에 말을 함부로
하는 경우가 너무나 많습니다.

그 해악과 상처를
우리는 알아야 합니다.

사람이 자라고 다듬어지는
최초이자 최고의 현장이
바로 가정 아니겠습니까.

그러므로 우리는

나쁜 말을 하면서 스스로
인격과 품격을 낮추지 말아야겠습니다.

나쁜 말을 해서 상대방에게
상처와 모욕을 주지 말아야겠습니다.

우리가 가족 간에 서로 말할 때
진심으로 서로를 위하는 말을 한다면
수많은 의인과 위인이 나타나지 않을까요?

하나님은 왜 우리가 하는 말에 이처럼 놀라운 힘을
부여해 주셨는지 생각하며 말하게 되기를,
그리고 하나님이 우리로 하여금 이 같은 말의 힘으로
서로 섬기고 축복하게 해 주신 것을
기뻐 감사하며 말하게 되기를
간절히 소망합니다.

하나님이 말씀으로 창조하신
아름다운 꽃처럼 아름다운 말을
각 가정에서 나누게 되기를 바랍니다.

(잠12:17) 진리를 말하는 자는 의를 나타내어도 거짓 증인은 궤휼을
　　　말하느니라
(잠12:18) 혹은 칼로 찌름같이 함부로 말하거니와 지혜로운 자의 혀

는 양약 같으니라

(잠12:19) 진실한 입술은 영원히 보존되거니와 거짓 혀는 눈 깜짝일 동안만 있을 뿐이니라

(잠12:20) 악을 꾀하는 자의 마음에는 궤휼이 있고 화평을 논하는 자에게는 희락이 있느니라

(잠12:21) 의인에게는 아무 재앙도 임하지 아니하려니와 악인에게는 앙화가 가득하리라

(잠12:22) 거짓 입술은 여호와께 미움을 받아도 진실히 행하는 자는 그의 기뻐하심을 받느니라

유아기를 회고하며

나는 각계의 유명인사를 대상으로 유아기의 체험을 듣는 〈유아기의 회고〉라는 기사를 어떤 잡지에 연재한 적이 있다. 그런데 그들의 이야기를 듣고 어떤 공통된 사실을 발견했다. 그들은 어릴 때부터 되풀이하여 "너는 머리가 좋다.", "너는 장래에 위대한 사람이 될 것이다."라는 말을 들으며 자랐다는 것이다.

— 『머리 좋은 아이로 키우는 기술』 (다코 아키라 지음 | 김종옥 옮김)

초등학생 때를 돌아보면 "민규는 알아서 잘해~."라는 말을 들으면 더 알아서 숙제하고, 더 알아서 학교 갈 준비하고, 더 알아서 방 정리했던 게 기억납니다. 날 그렇게 알아주니 나 자신 역시 나에 대해 더 그렇다고 알게 되는 겁니다.

물론 누가 그렇게 하라고 한다고 그 말에 따라 움직이는 수준이라면 주체성이 떨어지겠죠. 남의 시선, 남의 눈치 보고 사는 겁니다. 남이 안 보면 엉망이죠.

그래서 자기 스스로가 자기 자신에 대해서 긍정적으로, 건설적으로 생각하게끔 격려해 주는 부모의 '결정적' 한 마디가 중요합니다. 어느 아이든 잠재력이 있기 때문에 그 잠재력을 일깨워 주는 말을 해 주는 것이죠.

저는 언어를 좋아했는데, 특히 영어 공부는 알아서 많이 했습니다. 버스 타고 고등학교 다닐 때는 버스 안에서도 사전을 봤는데, '그 냥' 그렇게 했습니다.

첫째 딸을 키우는데 무엇에 재능이 있나 관심을 갖고 지켜보니 언어 감각이 좋았습니다.

아기 때부터 가급적 조리 있고 명확하게 말을 해 주려고 했는데 그 것도 영향을 끼치지 않았나 싶습니다.

그리고 자주 "혜민이는 언어 감각이 좋아."라고 말해 주었습니다.

그 말(바람)대로 아이는 말과 글을 간결하고 깔끔하게 다룰 줄 알더 라고요.

영어를 시작하고 나서는 스스로 영어 공부를 하는 아이를 보고 적 잖이 놀랐습니다.

"혜민이는 영어를 좋아하는구나.", "혜민이는 영어를 잘해.", "혜민 이는 알아서 영어 공부를 하네."라고 말해 주었습니다.

감사한 일이죠. 현재 초등학교 3학년인 첫째 딸은 계속해서 알아서 영어를 공부하고 있습니다. 시험 준비도 스스로 알아서 하고, 만점 맞고 스스로 뿌듯해하고 부모에게 칭찬도 받습니다. 선순환이 이루 어지고 있습니다.

이러한 선순환의 감사한 경험 때문에 자녀에게 "너는 머리가 좋 아.", "너는 큰 인물이 될 거야."라는 말을 해 주는 것이 굉장히 중요 하다는 『머리 좋은 아이로 키우는 기술』 저자의 말에 '맞아, 맞아' 하며 고개가 끄덕여집니다.

두 딸에게 말해 줍니다.

"하나님이 주신 재능으로 이 세상을 위해서, 사람들을 위해서 큰 일을 하게 될 거야."

두 딸이 하나님이 주신 자신의 재능을 발견하고 그 재능을 하나님의 뜻에 따라 쓰임받게 되기를 바라는 마음을 담은 말입니다.

일이, 일터가 크고 작은가는 상관이 없죠. 받은 은사대로 큰 마음으로 세상을 위해 살기를 바라는 마음입니다.

부모는 자녀에 대한 이 소망의 한마디를 믿음을 가지고 해야 할 것입니다.

정리하자면, 부모는 우선 자녀가 무엇에 재능이 있나 꾸준히 살펴봐야 합니다.

그리고 그 재능을 살릴 수 있도록 잠재력을 일깨워 주는 믿음의 한마디를 해 주어야 합니다.

자녀는 하나님이 맡겨 주신 보배로운 존재이기 때문에 부모는 보배로운 한마디 한마디를 자녀에게 해 주어야 할 것입니다.

각 가정의 자녀들이 성인이 되어 유아기를 회고할 때 부모님이 해 주신 그 믿음의 한마디를 기억하며 그 믿음대로 성장한 자신의 모습을 바라보게 되기를 간절히 소망하게 됩니다.

믿음의 전사 된 부모의 화살통에 담긴 화살이 바로 자녀라는 점을 모든 부모가 결코 잊지 않고 매 순간 자녀를 소중히 대하게 되기를 간절히 소망합니다.

전사가 승리를 위한 결정적 화살을 쏠 때 품은 그 마음처럼 매 순간 우리 자녀들에게 마음을 크게 써야겠습니다.
그렇습니다. 자녀를 위해서도 부모는 믿음의 전사가 되어야 합니다.
그런데 자녀를 통해 더 강한 전사가 되게 해 주시니 감사할 따름입니다.
자녀는 이처럼 부모에게 소중한 존재입니다.
매일 믿음으로 이기는 부모로서 자녀를 대하기를 간구하게 됩니다.

(시127:3) 자식은 여호와의 주신 기업이요 태의 열매는 그의 상급이로다
(시127:4) 젊은 자의 자식은 장사의 수중의 화살 같으니
(시127:5) 이것이 그 전통에 가득한 자는 복되도다 저희가 성문에서 그 원수와 말할 때에 수치를 당치 아니하리로다

머무는 자, 꿈꾸는 자

'코이의 법칙'이란 게 있죠.
일본의 관상어 중에 코이라는 잉어가 있는데요.
코이는 작은 어항에 넣어 두면 5-8cm밖에 자라지 않습니다.
하지만 커다란 수족관이나 연못에 넣어 주면 15-25cm까지 자란다
고 해요.
강물에 놓아 주면요? 그럼 90-120cm까지 큰답니다.
환경에 따라 엄청난 차이를 보이죠?
분명 동일한 어종인데 5cm에서 120cm까지 자그마치 24배의 차이
가 날 수 있어요.
눈여겨볼 점은 강물이라는 자유로운 환경에서 엄청난 크기로 자란
다는 사실이죠.

우리 인생도 마찬가지 아닐까요?
어느 환경을 택하느냐에 따라 본래 내가 살 수 있는 것보다 24분의
1만큼만 살 수도 있고, 현재보다 24배 폭넓게 살 수 있습니다.
'우물 안 개구리' 같은 사람이 있지요.
좁은 곳에 갇힌 줄도 모르고 마치 세상 전부를 아는 것처럼 사는 사
람을 '우물 안 개구리 같은 사람'이라고 하지요.

'나는 할 줄 아는 게 이것밖에 없어.'

'나는 가고 싶은 곳이 그곳밖에 없어.'

'나는 하고 싶은 게 이것 말고도 많아.'
'나는 가고 싶은 곳이 아주 많아.'

바로 이 둘의 차이가 1:24의 차이이겠지요.
1번의 기회에 족하는 자가 있는가 하면, 24번의 기회를 꿈꾸는 자가 있다는 거죠.
그런데 말이 1:24이지 1:240, 1:2,400, 1:24,000···. 차이는 계속 늘어납니다.

안주하는 자는 정체하거나 퇴보하지만,
꿈꾸는 자는 앞으로 나아갈수록 더 큰 꿈을 꾸니까요.

지인 중에 굴지의 대학에 두 명의 자녀 모두를 입학시킨 분이 있는데요. 사교육을 시킨 것은 없고, 새로운 곳으로 함께 여행을 자주 갔다고 하시더군요.

구속이 아닌 자유를 준 것이죠. 아마 자녀들이 마음 놓고 새로운 환경을 자주 접하면서 호연지기(浩然之氣), 즉 거침없이 넓고 큰 기개를 다지게 되었나 봅니다.

그러므로 우리가 자녀를 볼 때도 '우물 안 개구리'의 관점을 절대 가져서는 안 될 겁니다.

'우리 애는 시켜야만 해.'
'이 아이는 딱 이 정도야.'
'애는 이런 것만 잘해.'

이같이 편협한 선입견이 자녀 교육을 그르치게 합니다.
자녀를 양육할 때 '코이의 법칙'을 생각해야 합니다.
우선, 부모부터 넓게 살아야겠죠.
부모는 좁게 살면서 자녀가 넓게 살기를 바라는 것은 욕심이겠죠.

인간은 자기가 바라보는 만큼 인생을 산다는 것.
나는 머무는 자인가요, 꿈꾸는 자인가요?

스스로 만들고, 스스로 가둔 우물에서 뛰쳐나와
저 높은 산과 저 넓은 바다를 향해야겠습니다.

(창13:14) 롯이 아브람을 떠난 후에 여호와께서 아브람에게 이르시되
　　　 너는 눈을 들어 너 있는 곳에서 동서남북을 바라보라
(창13:15) 보이는 땅을 내가 너와 네 자손에게 주리니 영원히 이르리라
(창13:16) 내가 네 자손으로 땅의 티끌 같게 하리니 사람이 땅의 티끌
　　　 을 능히 셀 수 있을진대 네 자손도 세리라
(창13:17) 너는 일어나 그 땅을 종과 횡으로 행하여 보라 내가 그것을
　　　 네게 주리라
(창13:18) 이에 아브람이 장막을 옮겨 헤브론에 있는 마므레 상수리
　　　 수풀에 이르러 거하며 거기서 여호와를 위하여 단을 쌓았더라

우리 집은 공사 중

인생과 인간에 대한 바른 관점을 가지면 자신과 자신의 인생, 타인과 타인의 인생에 대해서 바른 관점을 가질 수 있고, 결과적으로 좋은 인생, 좋은 관계를 만들어 갈 수 있겠죠.

『순간을 소유하라』(칼 렌츠 지음, 정민규 옮김)에는 다음과 같은 인생과 인간에 대한 적확한 표현이 나오는데요. 참으로 와 닿는 말입니다.

"우리 인생은 계속 공사 중인 건물."
"당신이라는 건물은 지금 공사 중이거든요. 그런데 죽을 때까지 당신은 공사 중일 겁니다."

네, 인생도, 인간도 공사 중인 건물이라는 겁니다. 그런데 이 땅에서의 삶에서 우리는 결코 완벽한 건물을 지을 수 없습니다. 불완전하지만 끊임없이 지어 나갈 뿐이지요. 그러나 새롭게, 튼튼하게 건설되어야 합니다. 이것이 '건설적 삶'이겠죠. 날마다 새롭게, 날마다 튼튼하게. 그렇게 우리는 날마다 더 낫게 지어져 갑니다. 매사를 이와 같은 관점으로 바라본다면 정직하고 유연하게 현실을 대할 수 있을 것입니다.

결혼생활도 마찬가지입니다. 아무리 열정적으로 연애를 하고 결혼

했다 하더라도 결혼은 연애와 차원이 다릅니다. 전혀 새롭게 시작
해야 합니다.

부부가 결혼생활을 하면서 '난 최선을 다했어. 내가 당신을 위해서
뭘 더 할 수 있겠어?'라는 생각이나 말을 해서는 안 되겠죠. 결혼생
활 역시 계속 공사 중인 건물이니까요. 부부간에 서로 아무리 잘 알
게 되고, 가정생활이 안정되었다고 해서 부부간에 변화가 멈춰서는
안 될 것입니다.

성공적인 결혼은 매일 고쳐 지어야 하는 대저택과도 같다.
– 앙드레 모루아

부족한 것투성이인 인간은 고칠 게 부지기수이잖아요. 고치고, 또
고치고, 또 고치고. 부부는 그렇게 주님 안에서 서로 함께 고쳐져
가는 동반자이죠. 이것이 결혼생활에 대해 우리가 가져야 할 바른
관점일 것입니다. 이러한 관점을 가져야 부부의 동반 성장을 위한
각자의 그리고 서로의 변화를 멈추지 않을 테니까요.

결혼생활은 지혜가 엄청 요구됩니다. 남녀 본래의 차이뿐 아니라
남편과 아내의 개인적인 차이가 어마어마하니까요. 이렇게 서로 크
게 차이가 나는 부부에게 다음의 조언은 큰 도움이 됩니다.

모든 부부는 사랑의 기술을 배우듯이 싸움의 기술도 배워야 한다.
좋은 싸움은 객관적이고 정직하며 절대 사악하거나 잔인하지 않다.

좋은 싸움은 건강하고 건설적이며, 결혼생활에 평등한 파트너 관계
라는 원칙을 세워 준다.

– 앤 랜더스

부부가 합심, 합력하여 선을 이루도록 성경은 권면하고 있습니다.
부부간의 사랑과 지혜로 행복이 더욱더 굳건하게 다져지는 가정들
이 건설되기를 간절히 소망합니다.

(고전7:3) 남편은 그 아내에게 대한 의무를 다하고 아내도 그 남편에
　　　게 그렇게 할지라
(고전7:4) 아내가 자기 몸을 주장하지 못하고 오직 그 남편이 하며
　　　남편도 이와 같이 자기 몸을 주장하지 못하고 오직 그 아내가
　　　하나니
(고전7:5) 서로 분방하지 말라 다만 기도할 틈을 얻기 위하여 합의상
　　　얼마 동안은 하되 다시 합하라 이는 너희의 절제 못함을 인하여
　　　사단으로 너희를 시험하지 못하게 하려 함이라

부모와 자녀의 마음속 거울

만남을 가질 때 유달리 대화와 관계가 쉽지 않은 때가 있죠.
자격지심과 이기심, 무관심이 나올 때입니다.

그래서 '공감능력'이 중요합니다.
공감능력을 '마음속 거울'이라고 하죠.
타인의 얼굴이나 몸짓에 떠오른 감정을 읽는 그 순간부터 공감이
시작된다고 하는데, 예를 들어 아이가 아프면 엄마가 아픈 이유가
여기에 있습니다.

그런데 인간이 이렇게 되는 이유가 과학적으로 밝혀졌죠.
자신과 타자 사이의 장벽을 없애 주는 감정이입세포인 거울뉴런
(Mirror neuron)이 우리 뇌에 존재하고 있음이 밝혀진 것이죠.
거울뉴런은 뇌의 한 곳이 아니라 세 곳에 분포해 있어서, 서로 신호
를 주고받으며 정보를 처리해 지각한 행동의 의미를 파악한다고 합
니다.
이는 하나님께서 인간을 함께 느끼며 살아가도록 사회적 존재로 창
조하셨음을 보여 줍니다. 인간은 내 머릿속에서 거울처럼 반영되는
상대의 마음을 읽을 수 있고, 이를 통해 타인과 교감하며 살아가도
록 창조된 것입니다.

만약 공감능력이 떨어진다면, 우리는 이 거울뉴런을 사용하고 있지 않은 것이지요. 그러나 공감능력이 떨어진다고 해서 좌절할 일이 아닙니다.

공감훈련을 하면 됩니다. 어른이라고 늦은 것이 아닙니다.

상대방이 나에게 말하고자 하는 것, 상대방이 나에게 보이고자 하는 마음, 상대방의 입장, 그리고 가장 중요하게는 상대방 그 자체에 대해 관심을 가지고 이해하려는 과정이 필요합니다.

물론 이것이 잘되려면 나의 마음부터 다스려야 합니다. 나의 마음이 삐딱하면 남의 말이 삐딱하게 들리는 법이니까요.

그런데 공감능력은 저절로 키워집니까?

인간사가 모두 관계로 이루어진다고 보면, 우리는 태어나면서부터 평생 '공감훈련'을 받아야 합니다.

보통 가정에서 '공감훈련'이 제대로 이루어지지 못했을 경우 성인이 되어서도 공감능력이 떨어집니다.

그런데 아이들은 상대방의 마음을 읽기 전에 자신의 마음부터 읽혀야 합니다. 누가 읽어 줍니까? 당연히 부모죠. 내 마음을 많이 읽혀 본 아이가 남의 마음을 많이 읽게 되는 건 당연한 일이죠.

그렇다면 공감훈련은 무엇입니까?

관계 속에서 내 마음을 표현할 줄 알아야 합니다.

"네가 이렇게 해 줘서 행복해. 고마워."

"난 지금 이렇게 하고 싶은데."

관계 가운데 상대방의 마음을 대신 표현해 줄 수 있어야 합니다.
"네가 힘들었겠구나. 고민이 많겠구나."
"고생했다. 축하해."

상대방의 존재의 소중함을 늘 염두에 두고 살아가는 것이 공감의
원천이겠지요.
물론 이렇게 타인의 존재를 소중하게 생각하는 사람들은 자기 자신
또한 소중히 여깁니다.
사실 너와 나, 곧 인간 자체에 대한 애정이 마음의 중심에 자리를
잡고 있는 것이지요.

나를 알려야만 산다고 하는 이 시대에, 남을 알아주는 공감능력이
떨어지지는 않을까 경각심을 가져 봅니다.
공감능력이야말로 인간에게 가장 필요한 능력이니까요.
무인도에 낙오된 사람조차도 공감할 상대를 찾기 위해 물건과 가상
의 대화를 하기도 하잖아요.

자격지심과 이기심, 무관심으로 관계를 맺으면, 즉 공감능력이 떨
어지면 상대방이 하는 말에 상처를 잘 받고, 화를 잘 냅니다.
물론 다른 사람들이 상처를 주지 않거나, 화나게 하지 않는다는 말
이 아닙니다.
경우가 없고, 수준이 낮고, 상식이 없는 이들이 있죠.
그러나 이렇게 경우 없고, 수준 낮고, 상식 없는 이들과 다투려 든
다면 우리의 일상은 싸움으로 점철되고 말 것입니다.

마음에 닿기를

이러한 사람들을 대할 때는 오히려 우리가 정말 그들에게 관심을 가지고 있는지부터 생각해 볼 일입니다.

오히려 상대방에게 무관심할 때보다 상대방에 대해 공감할 때 우리는 너그러워지고 여유로워집니다.

상대방이 뜬금없는 언행을 했을 때 '뭔가 컨디션이 좋지 않구나.', '그럴 만한 이유가 있겠지.'라고 넓게 생각할 수 있다는 겁니다.

그러면서 무슨 아픈 일, 슬픈 일이 있나 더 관심을 가지는 것입니다. 이러면 '화낼 일'이 아니라, '안을 일'이 됩니다. '소리 지를 일'이 아니라, '듣고 나눌 일'이 됩니다.

매 순간이 공감훈련의 장입니다.
누군가는 "신앙이 곧 공감"이라 했습니다.

인간은 한시도 빠짐없이 하나님을 느끼고 사람을 느끼며 살아가야 비로소 진정한 인생을 살 수 있는 존재입니다.

공감훈련을 통해 높인 공감능력으로 형성한 공감대만큼 우리는 관계를 형성하며 살아가게 됩니다.

그리고 그렇게 형성된 관계만큼 기쁨과 슬픔을 함께 나눕니다.

그게 딱 그 사람이 살아가는 세상의 크기입니다.

우리는 가정에서부터 공감훈련을 통해 '세상을 크게 사는 인생'을 추구해야 합니다.

지능지수니 하는 것도 공감능력 없이는 백해무익할 뿐이니까요.

그러므로 가정에서는 우선 부모부터 공감하는 삶을 살고 있는지 살펴볼 일입니다.

바쁘다고, 힘들다고 나만 알고 사는 건 아닌지 반성할 일입니다.

자녀를 양육할 때도 '공감훈련'을 함께하고 있는지 돌아볼 일입니다.

특히 자녀와 대화하지 않고 지시를 내리거나, 찬찬히 살펴보지 않고 화부터 내거나, 차분하게 대응하지 못하고 조급하게 구는 부모라면 깊이 반성하고 숙고해야 합니다.

공감훈련은 부모의 책무임을 잊지 말아야겠습니다.

수시로, 무시로 부모 자신뿐만 아니라 자녀가 공감능력이 발달돼 가고 있는지 심도 있게 체크해 봐야겠습니다.

'그 사람 기분이 어떨까?, 그 사람 입장이 어떨까?, 그 사람 상태가 어떨까?' 부모부터 자기 마음속 거울을 바라보며 물을 일입니다.

(요8:4) 예수께 말하되 선생이여 이 여자가 간음하다가 현장에서 잡혔나이다

(요8:5) 모세는 율법에 이러한 여자를 돌로 치라 명하였거니와 선생은 어떻게 말하겠나이까

(요8:6) 저희가 이렇게 말함은 고소할 조건을 얻고자 하여 예수를 시험함이러라 예수께서 몸을 굽히사 손가락으로 땅에 쓰시니

(요8:7) 저희가 묻기를 마지 아니하는지라 이에 일어나 가라사대 너희 중에 죄 없는 자가 먼저 돌로 치라 하시고

(마22:36) 선생님이여 율법 중에 어느 계명이 크니이까

(마22:37) 예수께서 가라사대 네 마음을 다하고 목숨을 다하고 뜻을 다하여 주 너의 하나님을 사랑하라 하셨으니

(마22:38) 이것이 크고 첫째 되는 계명이요

(마22:39) 둘째는 그와 같으니 네 이웃을 네 몸과 같이 사랑하라 하셨

으니

(마22:40) 이 두 계명이 온 율법과 선지자의 강령이니라

(고후2:7) 그런즉 너희는 차라리 저를 용서하고 위로할 것이니 저가 너무 많은 근심에 잠길까 두려워하노라

(고후2:8) 그러므로 너희를 권하노니 사랑을 저희에게 나타내라

(고후2:14) 항상 우리를 그리스도 안에서 이기게 하시고 우리로 말미암아 각처에서 그리스도를 아는 냄새를 나타내시는 하나님께 감사하노라

(고후2:15) 우리는 구원 얻는 자들에게나 망하는 자들에게나 하나님 앞에서 그리스도의 향기니

(고후2:16) 이 사람에게는 사망으로 좇아 사망에 이르는 냄새요 저 사람에게는 생명으로 좇아 생명에 이르는 냄새라 누가 이것을 감당하리요

(고후2:17) 우리는 수다한 사람과 같이 하나님의 말씀을 혼잡하게 하지 아니하고 곧 순전함으로 하나님께 받은 것같이 하나님 앞에서와 그리스도 안에서 말하노라

사랑하는 사람에게 할 수 있는 가장 나쁜 일

사랑하는 사람에게 할 수 있는 가장 나쁜 일은 바로 그들이 할 수
있고 해야 할 일을 대신해 주는 것이다.

– 에이브러햄 링컨

어린아이와 어르신을 케어할 때 동일하게 적용되는 지침이 있죠.
바로 '그들이 하게 해 주어야 한다'는 것이죠.
어린아이와 어르신 모두 그들이 직접 활동하게끔 기회를 주어야 한
다는 겁니다.

어린아이에게 밥을 먹여 주고, 어르신에게 누워 계시게 하는 것은
케어가 아니라, 링컨의 말에 따르면 그들에게 가장 나쁜 일을 하는
것이죠.
그러고 보면, 의도적인 무대응이 오히려 어린아이와 어르신에게 가
장 좋은 일일 수 있는 거죠.

어린아이와 어르신뿐인가요? 우리 모두가 그렇습니다.
**우리 모두에게는 물고기를 잡아 주는 사람이 아니라, 물고기 잡는 방
법을 가르쳐 주는 사람이 필요합니다.**
나부터가 챙겨 주고, 대신해 주기보다는 '질문을 하고 기회를 주는
리더십'을 배워야겠습니다.

(막1:17)예수께서 가라사대 나를 따라오너라 내가 너희로 사람을 낚
   는 어부가 되게 하리라 하시니
(막1:18)곧 그물을 버려 두고 좇으니라

나의 가정이...

자녀 교육의 길

장자는 말(馬)을 무척 아끼는 사육사에 대해 이야기하며 '사랑의 방식'을 논합니다.

이 사육사는 자기 말에게 그야말로 지극 정성이었습니다. 말의 똥을 광주리에 받아 내고, 말의 오줌을 큰 조개로 만든 그릇에 담아서 처리할 정도로 정성을 엄청 쏟았습니다.

그러던 어느 날, 모기 한 마리가 날아와 말의 등에 앉더니 피를 빨고 있는 게 아닙니까? 그토록 사랑하는 말의 피를 빨아 먹다니! 모기가 너무너무 미운 나머지 말 주인은 말 옆으로 슬며시 다가가 손바닥으로 모기를 힘껏 내리쳤습니다.

그러자 말은 주인이 자기가 싫어서 때리는 줄 알고는 발로 주인을 걷어차 버렸습니다.

이를 두고 장자는 말합니다.

"사랑이 아무리 지극하다 해도 상대방의 마음을 헤아리지 못하고 오직 자기만의 방식으로 일방적으로 표현한다면 그것은 상대에게 온전한 사랑으로 받아들여지지 않는다."

장자의 이 이야기를 보고, 부모로서 자식에게 쏟는 사랑이 과연 온전하게 받아들여질까 고민해 보게 되었습니다.

내 자식 예쁘다고 한없이 예뻐만 한다고 되는 것도 아니고, 예의범절 가르친다고 아이의 나이와 성향에 맞지 않게 규율만 지나치게 강조하는 것도 좋지 않겠죠. 더구나 그 규율이 부모의 잘못된 경험과 기준에 의한 것이라면 문제는 더더욱 커질 것입니다.

이처럼 자식을 예뻐해 주는 것과 가르쳐 주는 것 사이에서 부모가 적절히 균형을 잡기란 결코 쉽지가 않습니다.

특히 사춘기에 접어든 자식들과 갈등을 겪는 부모들의 모습을 보면, 과연 부모가 자식에게 그 나이에 맞게 해 줄 수 있는 사랑이란 무엇인가 고민이 되지 않을 수가 없습니다.

과연 부모가 할 일은 무엇일까요?

사랑으로 자녀를 대하고 가르치기 위해 부모는 성경 말씀을 읽고 따르는 모범이 되어야 할 것입니다.

이러한 부모 밑에서 자란 자녀는 역시 자신의 삶 가운데서 말씀을 읽고 따르는 삶을 살게 되지 않겠습니까?

(잠22:6) 마땅히 행할 길을 아이에게 가르치라 그리하면 늙어도 그것

을 떠나지 아니하리라

또한 부모는 자녀가 자신의 유전자를 물려받았다는 이유로 '어디어디, 무엇무엇이 나를 닮았다'라든지, '무엇무엇은 나를 닮아야 한다'는 생각과 말을 하게 됩니다.

하지만 이는 자녀를 자신의 소유물이나 내 욕구의 대상으로 삼는데서 나온 생각일 수 있습니다. 아니면, 이 같은 생각으로 인해 자녀를 자신의 소유물이나 내 욕구의 대상으로 여기게 될 수도 있습니다.

부모는 자녀를 주체적, 독립적인 존재로 인식하면서도 동시에 부모로서 올바른 가르침을 주는 그 '정확한 부모로서의 지점'에 서 있기위해 최선을 다해야 할 것입니다.

물론 항상 자녀 교육의 대전제는 '부모의 바른 생활'이겠죠.

부부가 결혼해서 낳은 자녀니 마냥 예쁘지 않을 수 없지만, 부모로서 정말로 중요한 것은 자녀를 실로 '예쁜 마음을 지닌 사람'으로 키워 내는 일일 것입니다.

(롬13:8)피차 사랑의 빚 외에는 아무에게든지 아무 빚도 지지 말라
　　　남을 사랑하는 자는 율법을 다 이루었느니라
(롬13:9)간음하지 말라, 살인하지 말라, 도적질하지 말라, 탐내지 말

라 한 것과 그 외에 다른 계명이 있을지라도 네 이웃을 네 자신
과 같이 사랑하라 하신 그 말씀 가운데 다 들었느니라
(롬13:10) 사랑은 이웃에게 악을 행치 아니하나니 그러므로 사랑은
율법의 완성이니라

부모가 이 로마서 13장 8-10절 말씀을 마음에 새기고 신행일치의
자세로 산다면, 자녀 교육은 절로 되지 않겠는가 생각해 보게 됩니
다. 이 말씀을 보면서 부모의 이웃 사랑이 곧 자녀 교육의 전부임을
고백하게 됩니다.

**그러므로 자식 사랑의 길은 곧 이웃 사랑임을 마음속에 늘 품고 살아
야겠습니다.**

자기 가족을 돌아보지 아니하면

축구에서 상대편의 수비를 절묘하게 통과해 골로 연결시키는 패스를 '킬러 패스'라고 합니다. 이 킬러 패스가 득점력 높은 선수에게 연결되면 멋진 골이 만들어지죠.

골로 성공시킨 선수도 대단하지만, 날카로운 패스를 해 준 선수도 대단합니다. 이것이 협력의 위대한 힘입니다. 사람들은 저마다 장점과 장기가 달라서 적절한 패스를 적절한 시점에 받기만 하면 굉장한 탄력을 받아 큰일을 해낼 수 있습니다.

이를 위해서는 서로 각자의 장점과 장기를 알아보는 것이 중요하죠. 그럼으로써 내가 나서야 할 때와 다른 사람이 나서야 할 때를 잘 구분해야 합니다.

인생을 살다 보면 득점 능력보다 패스 능력이 훨씬 더 귀하고 중하다는 것을 절실히 느낍니다. 그리고 내가 골을 넣었을 때의 짜릿함 못지않게, 남에게 기막힌 타이밍에 도움을 줬을 때 큰 기쁨을 맛봅니다.

특히 가정은 골 득점력보다는 패스의 역할이 굉장히 중요합니다.
부부간에, 부모 자식 간에, 자녀들 간에 시의적절한 패스가 자주 오가야 합니다. 그러다 보면 그 가정의 골 득점력은 놀라우리만치 상 승할 것입니다.

공격을 위한 패스와 수비를 위한 패스가 때에 맞게 아름답게 이루어지기 때문이죠. 잘될 때나 힘들 때나 시원한 공격과 탄탄한 수비가 가능한 전천후 가정입니다. 우리가 지향해야 할 '강한 가정'의 모습이겠죠.

오늘부터 배우자에게, 자녀에게 기가 막히게 아름다운 패스를 해 볼까요?

(딤전5:8) 누구든지 자기 친족 특히 자기 가족을 돌아보지 아니하면 믿음을 배반한 자요 불신자보다 더 악한 자니라

사랑의 한 마디부터

우리는 국어, 영어, 수학, 과학 같은 '중요' 과목들은 학교에서 배웠지만, 어떻게 사랑을 표현하고, 관계를 유지하고, 소통을 하는지 같은, 정작 더 중요한 것들은 배우지 못했습니다. 원래 이런 것들은 가정에서 배우는 것이 가장 좋은데, 오늘날 가정들은 교육을 다 학교나 학원으로만 미루고 있습니다. 다들 너무 바쁘다고 하는 통에 급하지 않아 보이는, 하지만 실은 가장 중요한 부자유친은 저 멀리 뒷전으로 내팽개쳐졌습니다. 그래서, 우선순위가 뒤바뀐 사회에서 살아가는 우리는 얼마나 더 행복해졌나요?

– 『슈퍼맨인 척하지 말고 함께 비 맞는 아빠가 돼라』 (조병옥 지음)

소통을 하고 관계를 맺는 이유와 방법, 과정을 어려서부터 제대로 배우지 못한 채로 나이가 들어 가는 우리의 현실을 잘 말해 주고 있습니다.

사람이 성장하는 것은 생각이 발전하고 생각들이 공유되는 것일 텐데, 생각을 표현하고 나누는 경험을 가정과 학교에서 별로 해 보지 못한 채로 우리는 결혼을 하고 취업을 합니다.

소통과 관계가 잘되지 않는 것은 개인적으로건, 사회적으로건 참 안타깝고 아까운 일입니다.

인생과 인생이 만났을 때 나오는 그 시너지를 누리지 못하기 때문입니다.

우리는 눈치를 보거나 예의를 차리는 데는 많이 길들여져 있습니다. 하지만 이렇게 마음속이 아닌 겉으로만 맴도는 대화에 익숙해지면 진심과 진실은 오가지 못할 것입니다.

또한 우리는 토의와 토론은 할 줄 모르지만, 평가와 비판에는 익숙합니다. 공익을 위해 의견을 내기보다는 잘 모르는 사람이나 사안에 대해서도 비난조의 말을 쉽게 하는 것이지요.

요즘은 스마트폰에도 대화의 시간을 많이 빼앗기는 것 같습니다. 인터넷에서 과연 유익한 것을 찾아보는지, SNS에서 과연 의미 있는 대화가 오가는지 점검해 보아야 할 것입니다. 그것이 진정한 관심과 애정인지 살펴보아야 할 것입니다.

우선, 가정에서부터 마음속 이야기를 꺼내고 나누도록 관심과 애정을 보여야 할 것입니다. 너를 사랑하는 내게 하고 싶은 말이 있는지, 너를 사랑하는 내가 도울 것이 있는지 묻는 것입니다.

사랑 받고 사랑 주는 존재인 너와 내가 무엇에 관심이 있으며, 무엇을 하고 싶은지 소망과 기대를 함께 나누는 것입니다.

이렇게 해야 한다는 단정적인, 강압적인 말이 아니라요.

가정에서부터 사랑에서 비롯된 대화를, 꿈에 대한 대화를 한다면
우리의 소통과 관계는 제대로 이루어지지 않을까요?

**작은 시도와 작은 연습이 쌓이다 보면 우리는 소통과 관계의 프로가
될 수 있을 것입니다.**

오늘 가족과 나누고 싶은 이야기가 있나요?
사랑의 한 마디부터 도전해 봅시다.

(막12:33) 또 마음을 다하고 지혜를 다하고 힘을 다하여 하나님을 사
랑하는 것과 또 이웃을 제 몸과 같이 사랑하는 것이 전체로 드리
는 모든 번제물과 기타 제물보다 나으니이다

이게 뭐예요?

배우들이 해외에서 식당을 운영하는
〈윤식당〉이라는 프로그램을 보는데,
폴란드에서 온 4인 가족이 윤식당을 방문했습니다.

한 자녀가 식탁 위 낯선 물건을 보고
"이게 뭐예요?" 부모에게 묻습니다.
갑자기 데자뷔가 됐습니다.
저에게도 어린 자녀들이 많은 질문을 던지니까요.

(다시 윤식당으로 돌아가서)

아빠의 대답이 머리를 칩니다.

"그게 뭔지 궁금하면
네가 뭘까 생각해 봐."

이렇게 말해야겠다 고민한 기색은
보이지가 않았습니다.
자연스러웠습니다.
일상적이었습니다.

한국의 부모는 어떤가요?

경우의 수는 두 가지로 압축될 듯합니다.

'그냥' 귀찮아하거나 '그냥' 답을 말하거나

아이들의 질문을 '그냥' 받는 것 자체가
'질문의 위력'을 모르기 때문이 아닐까요?

물론 한국의 모든 부모가 그렇지는 않겠지만,
정답이 꼭 있어야 하는 것처럼 느끼게 하는 교육과
실제로 정답을 하나만 골라야 하는 객관식 시험이
만들어 낸 현상들 중 하나가 아닐까 싶기도 합니다.

또는 '내 아이가 이런 걸 모르면 절대 안 된다'라는
비교하는 습관에서 비롯된 한국 부모 특유의
쓸데없는 자존심과 쓸모없는 조급함이
헛된 작용을 했을 수도 있습니다.

이번에는 〈영재 발굴단〉이라는
프로그램을 한번 볼까요?

다섯 살짜리 과학 영재가 나왔습니다.

기계 분해와 조립을 즐겨 하며
물리의 원리를 이해하고 설명까지 잘합니다.
아버지와 공 던지기 놀이를 하면서 아이가 묻습니다.

"왜 공은 직선이 아니라
포물선을 그리며 날아갈까요?"

질문하는 폼이 답을 듣기 위함보다
스스로 궁금해서 생각해 보고
싶어서라는 느낌을 줍니다.
아버지 역시 결코 답을
말해 주지 않습니다.

아빠: "왜 그럴까? 네가 한번 생각해 봐."
아이: "중력 때문에요."
아빠: "중력 때문이라면 아래로 공이 떨어져야 하지 않을까?"
아이: "던지는 힘이 중력을 이겨서 포물선을 그리는 거예요."
아빠: "정말 그럴까? 더 생각해 봐."

우리는 정답을 말하는 것, 즉 결과에
초점을 많이 두는 것 같습니다.
상장을 받으면, 합격을 하면,
취업을 하면 되니까요.

그러나 위 아빠는 다음과 같이 말합니다.

"궁금한 것을 스스로 생각해 볼
기회를 아이에게서 뺏고 싶지 않아요.
그 과정이 즐겁고 의미 있는 거니까요."

훌륭한 결과는 과정을 즐겨야 나오지요.
그것이 진정한 성공의 결실이겠지요.

인생 역시 마찬가지라는 생각이 듭니다.

답이 자신의 내부가 아닌
바깥 세계에서 주어지는 것이 아니라,
겪어 보지 않고도
답을 빨리 알아내는 것이 아니라,
스스로 고민하고 체험하고
도움을 주고받고 의견을 교환하며
답을 하나하나씩 보람차게 터득하는 것.

우리에게 허락된 인생의 매 순간
스스로 질문을 던지고 답을 내 본다면
우리의 인생은 '자연스럽게, 일상적으로'
점점 더 성숙해지고 있을 것입니다.

괜찮아!

\#

아이가 공 들여 세운 블록 탑이 넘어집니다.
실망한 표정을 짓습니다.

"괜찮아. 다시 쌓으면 되지~."

\#

아이가 아끼던 물건을 잃어버렸습니다.
당황한 표정을 짓습니다.

"괜찮아. 어디 있겠지~.
혹시 없어져도 괜찮아.
물건은 물건일 뿐이니까.
아빠가 살아 보니까
물건은 별 의미가 없더라.
중요한 건 사람이야."

아이는 아직은 어리고 가정과 학교에만 있으니까
무슨 대단한 일을 하는 것 같지 않지만

지금 하는 소소해 보일 그 일들이 실은
앞으로 할 중대한 일의 위대한 기초가 되겠죠.

기초가 탄탄하면
인생의 흔들림도
줄어들 것이고요.

인생 앞에서 우리는
'담대함이 필수'다,
자주 느낍니다.

그런데 담대함은
바로 이 탄탄함에서
비롯되는 것이겠지요.

아이의 마음과 행동의 기초를
탄탄히 하도록 돕는 것이
부모의 역할일 텐데요.

그 도움의 전부가 실은
'긍정의 언어 사용'이라 해도
전혀 지나친 말이 아닐 것입니다.

서두의 두 장면이 반복될 때면

저는 똑같은 '긍정의 언어'를
반복해서 말해 줍니다.

긍정의 언어가
습관화되면
자연스럽게
긍정의 행위가
나올 테니까요.

긍정(肯定)

「1」그러하다고 생각하여 옳다고 인정함.
「2」『논리』일정한 판단에서 문제로 되어 있는 주어와 술어와의 관계
를 그대로 인정하는 일. 'S는 P이다.'라는 형태의 명제를 참이라고
승인하는 것이다.

그런데 긍정은 억지로 하는 것이 아닙니다.
'참'을 '참'이라 말할 줄 아는 것입니다.

인과관계(因果關係)에 대해서든
사안의 경중(輕重)에 대해서든
사람들 사이의 관계에 대해서든
있는 그대로를 볼 줄 알아야
긍정의 말을 할 수 있겠지요.

나의 가정이…

크리스천인 우리는 '진리'이신 주님을 따를 때
비로소 긍정의 언어를 말할 수 있을 것입니다.

진리(眞理)

「1」참된 이치. 또는 참된 도리.
「2」『논리』명제가 사실에 정확하게 들어맞음. 또는 논리의 법칙에 모순되지 아니하는 바른 판단. 형식적 의미로 사유의 법칙에 맞는 다는 의미에서의 사고의 정당함을 의미한다.
「3」『철학』언제 어디서나 누구든지 승인할 수 있는 보편적인 법칙이 나 사실.

결국 주님의 말씀에 절로 고개를 끄덕이게 되는 것이
'크리스천의 자연스러운 긍정의 제스처'이겠지요.

#

첫째 딸이 아끼는 물건을
잃어버려서 찾고 있는데
제가 했던 대사가 들려옵니다.

"어디 있겠지."

둘째 딸의 말입니다.

\#

상황은 그때그때 다르지만
동일한 의도의 이 말도
두 딸에게서 들립니다.

"괜찮아~."

살면서 아이들은 대수롭지 않은 일에
대수롭지 않게 반응하게 될 것입니다.
그만큼 중요한 일에 힘을 쏟겠지요.

물론 부모는 긍정의 언어 이전에
긍정의 행위를 보여야겠지요.
즉 모범이 되어야겠지요.

그렇다면 긍정의 언어에
훨씬 더 강력한 '긍정의 힘'이 실릴 것입니다.

그러므로 아이에게 하는 긍정의 언어들을
평소 나 자신을 향해 사용하면서
긍정의 행위로 이어갈 줄 아는
'본(本)이 되는 부모'가 되어야겠습니다.

특히 부부간에 매일 주고받는 한 마디 한 마디는

아이들에게는 그야말로 인생 최고의 수업이지요.

아울러 말은 돈처럼
아껴야겠습니다.

절약하는 와중에 하는 구매가
필요한 소비이듯이
말을 아끼는 와중에 한 말이
'필요한 말'이겠지요.

필요(必要)하다
반드시 요구되는 바가 있다.

주님은 제가 나쁜 말을 함으로써
사람들에게 입힌 그 많은 상처들을
하나도 빠짐없이 전부 다 알고 계십니다.

남을 향해, 남에 대해
부정적인 언어를 내뱉으면
당장은 내 기분이 통쾌한 것 같지만
이내 내 마음도 찢겨 있음을 압니다.

불필요한 말로 나와 남의 마음을
해친 것을 회개합니다.

불필요한 말로 가정과 사회에서
관계를 깨뜨린 것을 회개합니다.

저의 완악함을 고쳐 주소서.
저들의 상처를 치유하여 주소서.

'사랑의 말'로 가족과 이웃 간에 긍정적 변화를
만들어 나가는 인생을 살게 해주십시오.

(약3:8) 혀는 능히 길들일 사람이 없나니 쉬지 아니하는 악이요 죽이
　　는 독이 가득한 것이라
(약3:9) 이것으로 우리가 주 아버지를 찬송하고 또 이것으로 하나님
　　의 형상대로 지음을 받은 사람을 저주하나니
(약3:10) 한 입으로 찬송과 저주가 나는도다 내 형제들아 이것이 마
　　땅치 아니하니라
(약3:11) 샘이 한 구멍으로 어찌 단 물과 쓴 물을 내겠느뇨
(약3:12) 내 형제들아 어찌 무화과나무가 감람 열매를, 포도나무가
　　무화과를 맺겠느뇨 이와 같이 짠 물이 단 물을 내지 못하느니라
(약3:13) 너희 중에 지혜와 총명이 있는 자가 누구뇨 그는 선행으로
　　말미암아 지혜의 온유함으로 그 행함을 보일지니라
(약3:14) 그러나 너희 마음 속에 독한 시기와 다툼이 있으면 자랑하
　　지 말라 진리를 거스려 거짓하지 말라
(약3:15) 이러한 지혜는 위로부터 내려온 것이 아니요 세상적이요 정
　　욕적이요 마귀적이니

(약3:16) 시기와 다툼이 있는 곳에는 요란과 모든 악한 일이 있음이
니라

(약3:17) 오직 위로부터 난 지혜는 첫째 성결하고 다음에 화평하고
관용하고 양순하며 긍휼과 선한 열매가 가득하고 편벽과 거짓이
없나니

(약3:18) 화평케 하는 자들은 화평으로 심어 의의 열매를 거두느니라

(약4:1) 너희 중에 싸움이 어디로, 다툼이 어디로 좇아 나느뇨 너희
지체 중에서 싸우는 정욕으로 좇아 난 것이 아니냐

(약4:2) 너희가 욕심을 내어도 얻지 못하고 살인하며 시기하여도 능
히 취하지 못하나니 너희가 다투고 싸우는도다 너희가 얻지 못
함은 구하지 아니함이요

(약4:3) 구하여도 받지 못함은 정욕으로 쓰려고 잘못 구함이니라

한 팔 거리 정책

'한 팔 거리 정책(Arm's length policy)'이라는 것이 있습니다.
'지원은 아끼지 않되, 간섭은 최소화한다.'는 것입니다.

도움의 '손길'은 주지만,
그 일을 행하는 주체는
여전히 그 사람이게끔
그의 가능성을 열어 주는 것이죠.

부모가 자녀를,
상사가 부하 직원을 대할 때
가져야 할 자세입니다.

물건을 정리하는 방법을 가르쳐 주는 것과
매번 정리를 부모가 하든지,
아니면 꼭 부모가 자녀와 함께 하는 것은
교육의 차원에서 완전히 다릅니다.

후자는 교육이 되지가 않죠.
무기력하고 수동적인 사람을 만들 뿐입니다.

물론 정리 기술을 가르쳐 줄 때도 '열린 가르침'이면 좋겠죠.
'나는 이렇게 하는데 너는 네 나름대로 다르게 해도 된다.'

회사에서도 이렇게 열린 가르침을 주는 상사라면
부하 직원의 잠재성이 회사 내에서 발휘되도록
하는 데 큰 도움이 될 것입니다.

그런 상사 밑에서 일하는 부하 직원은
일을 즐김으로써 일에 도전하고 성취하는
긍정적이고 적극적인 인물로 성장해 나갈 것입니다.

공부도, 일도 재미없는 것은
바로 이 '한 팔 거리 정책'이
제대로 이루어지지 못하기 때문입니다.

지금 우리는 각자의 자리에서
누군가의 마음속에서
관심과 열정과 창의가 나오도록
한 팔 거리에서 도움을 주고 있나요?

아, 그리고 오히려 '한 팔 거리 정책'이
연구할 게 훨씬 더 많다는 사실.
그리고 인내심도 필요합니다.

그러나 유익하고 보람찬 연구죠.
각자의 자리에서 '한 팔 거리 정책'에
자신만의 창의를 발휘해 봅시다.
스스로도 배움이 되고
남에게는 도움이 될 겁니다.

자녀를 위한 기도는 죽지 않는다

우리가 믿음으로 기도할 때에 하나님의 역사가 일어납니다. 기도는 결코 사라지지 않습니다. 그래서 『기도는 죽지 않는다』(홍장빈, 박현숙 지음)라는 책의 제목은 마음에 깊이 와 닿습니다.

이 책은 가정에서의 기도 생활에 도움을 주고자 쓰였습니다. 책은 부모가 자녀를 위한 축복 기도에 힘써야 함을 강조하면서 민수기 6 장 말씀 가운데서 자녀 축복 기도문을 제시합니다.

(민6:22) 여호와께서 모세에게 일러 가라사대
(민6:23) 아론과 그 아들들에게 고하여 이르기를 너희는 이스라엘 자 손을 위하여 이렇게 축복하여 이르되
(민6:24) 여호와는 네게 복을 주시고 너를 지키시기를 원하며
(민6:25) 여호와는 그 얼굴로 네게 비취사 은혜 베푸시기를 원하며
(민6:26) 여호와는 그 얼굴을 네게로 향하여 드사 평강 주시기를 원 하노라 할지니라 하라
(민6:27) 그들은 이같이 내 이름으로 이스라엘 자손에게 축복할지니 내가 그들에게 복을 주리라

하나님이 직접 전해 주신 자손 축복의 기도입니다. 민수기 6장 24-26절 말씀으로 아래와 같이 자녀를 축복해 주는 기도를 하라고

책은 권면합니다.

하나님은 ○○○에게 복을 주시고 ○○○를 지키시기를 원하며
하나님은 그 얼굴로 ○○○에게 비춰사 은혜 베푸시기를 원하며
하나님은 그 얼굴을 ○○○게로 향하여 드사 평강 주시기를 원하노라

이 말씀과 함께 자녀가 밝고 따뜻하게 튼튼하게 자라 나가기를 믿음으로 선포하는 축복의 기도를 부모가 매일 해 준다면 그 자녀는 주님 안에서 강건하고 담대하게 인생을 살아갈 수 있을 것입니다.

민수기 6장 24-26절 말씀은 감사와 감격이 절로 나오는 하나님의 사랑의 표현입니다. 우리에게 복을 주시고, 지켜 주시고, 은혜 베푸시고, 평강 주시기를 원하시는, 즉 우리 생에 필요한 전부를 아낌없이 베풀어 주기를 원하시는 하나님의 사랑을 전해 주고 계시기 때문입니다.

부모에게는 이렇게 한없는 하나님의 사랑을 자녀에게 전달할 책임이 주어져 있습니다. 이것이 바로 '신앙의 유산'이겠지요. 부모는 '자녀를 위한 기도는 죽지 않는다'는 믿음으로 자녀 축복 기도에 힘써야겠습니다.

자녀가 집을 나설 때, 잠들기 전에 축복의 기도를 해 주어야겠습니다. 이렇게 자녀를 축복해 주는 부모 역시 그렇게 축복 기도를 하면서 자녀를 통해 하나님의 사랑을 더욱 절실히 느낄 것이며, 그처럼 하나님의 역사를 체험하면서 부모 자신의 신앙이 성장하고 하나님께 축복받게 될 것입니다.

민수기 6장 24-26절 말씀에 부모 자신의 이름을 넣어서 기도하는 것도 권면하고 싶습니다. 이렇게 가정에서 누구 하나 빠짐없이 하나님의 축복을 누리고 나누기를 간절히 소망합니다.

Chaper 5

나의 입술이...

모든 말은 죽지 않는다

나는 누군가와 대화를 나눌 때 한 문장 정도의 말을 기억하려 애쓰는 버릇이 있다.

(중략)

역으로 나는 타인에게 별생각 없이 건넨 말이 내가 그들에게 남긴 유언이 될 수 있다고 믿는다.

그래서 같은 말이라도 조금 따뜻하고 예쁘게 하려 노력하는 편이다.

— 『운다고 달라지는 일은 아무것도 없겠지만』(박준 지음)

참 독특하고 기특한 습관 아닙니까?

'와, 나도 그래야겠다.' 읽는 동시에 생각합니다.

이렇게 말에 대해 진중한 저자 역시 '말하기'가 결코 간단치 않은 일임을 다음과 같이 실토합니다.

하지만 쉬운 일은 아니다.

오늘만 하더라도 아침 업무회의 시간에 '전략', '전멸'같이 알고 보면 끔찍한 뜻의 전쟁용어들을 아무렇지도 않게 썼고, 점심에는 식당에서 우연히 만난 지인에게 "언제 밥 먹자"라는 진부한 말을 했으며, 저녁부터는 혼자 있느라 누군가에게 말을 할 기회가 없었다.

'아, 정말 그렇다.'라며, 읽는 동시에 또 반성하게 됩니다.
전투적이고, 과장되고, 헛된 말들을 수시로 내뱉으니까요.

'말하기'에 대해 스스로에게 일침을 가하며 다짐하는 듯한 저자의
마무리 말입니다.

말은 사람의 입에서 태어났다가 사람의 귀에서 죽는다.
하지만 어떤 말들은 죽지 않고 사람의 마음속으로 들어가 살아남는다.

이 글의 제목이 "어떤 말은 죽지 않는다"인데요.
저는 아예 "모든 말은 죽지 않는다."라고 말하고 싶습니다.
말은 반드시 사라지지 않고, 살아남아 영향을 끼치니까요.

그러므로 다른 사람들과 대화할 때 그 사람의 말을 기억하고, 동시
에 내가 하는 말을 기억해야겠습니다.
말이 주는 무게감을 인식하기 위해서요.

친하건, 친하지 않건 지금 하는 이 만남이 우리의 마지막 만남일 수
있으며 지금 서로 하는 말이 그의, 나의 마지막 말일 수 있으니 진
지하면서도 유쾌한 말들을 나누어야겠습니다.
이렇게 생각하니 잠깐 스치고 지나가는 사람일지라도 마음을 쓰며
말해야겠다 싶네요.
요컨대, 말하기에 앞서 '겸손과 배려의 마음'을 준비하는 우리 되기를
간절히 소망합니다.

(잠26:12) 네가 스스로 지혜롭게 여기는 자를 보느냐 그보다 미련한
　　자에게 오히려 바랄 것이 있느니라

(잠29:20) 네가 언어에 조급한 사람을 보느냐 그보다 미련한 자에게
　　오히려 바랄 것이 있느니라

나의 입술이...

그 사람, 알아요?

오프라인에서건, 온라인에서건 사람에 대한 즉각적인 반응이 빈번하게 오가는 세상입니다. 매체가 계속 늘어나고, SNS가 많이 사용되고 있기 때문이겠죠.

인터넷과 스마트폰 때문에 뉴스에 대한 접근도 훨씬 더 빨라졌죠. 더욱이나 매체가 늘어난 만큼 뉴스도 늘어났습니다. 간단히 말하면, 많은 이야깃거리에 많은 이야기가 오갑니다.

특히 우리는 정치인과 연예인에 대해 사담으로건 댓글로건 무성한 이야기를 늘어놓죠. 그런데, 가족과 이웃과 친구 중에도 내가 잘 모르는 사람이 있는데, 지금 나는 정말 그 사람을 알고서 말을 하는 걸까요? 우리가 그 사안과 그 상황을 정말 알고서 말하는 것일까요?

뉴스마저 사실 검증 없이 무분별하게 쏟아져 나오고 있는데, 그 형편없는 뉴스 하나하나에 댓글이 마구 쏟아지고 있습니다. 당연히 즉흥적인, 그리고 뉴스에 따라 언제 바뀔지 모르는 '아니면 말고.' 식의 댓글이 엄청 올라옵니다.

설익은 말이 계속 설익은 말을 낳고, 무익한 말이 계속 무익한 말을 낳고, 공허한 말이 계속 공허한 말을 낳고….

그런데, 우리의 일상을 봐도 그렇습니다. 분명 우리는 그 사람을 잘 모르는데, 입으로 그 사람을 평하고 있습니다.

요즘은 평가 자체도 극단적으로 되어 가서 그야말로 '말의 즉흥성과 극단성'이 심각한 악순환을 초래합니다.

얕은 나의 지식과 얄팍한 나의 경험으로 잘 모르는 사람들에 관해 말하지 말아야겠습니다.

나는 나 자신도 잘 알지 못합니다. 그리고 우리는 남의 이야기를 할 만큼 남의 형편과 마음에 관심을 두고 살지 않습니다.

만약 우리가 태어나서부터 내뱉은 말 한 마디 한 마디를 쌓아 보면 어떨까요? 숱한 허언과 악언으로 내가 있던 곳들은 발 디딜 틈조차 없을지도 모릅니다.

살면서 쏟아 낸 그 허언과 악언을 생각하면 내게는 고백과 회개밖에 택할 길이 없습니다.

입이 풀려서 허언과 악언을 내뱉을 때는 하나님이 나의 모든 말을 듣고 계심을, 하나님이 전부 다 기억하고 계심을 전혀 생각지 않습니다.

나의 입술이…

하나님이 나를 지켜보고 계신다는 생각만 해도 우리의 말은 달라질 텐데요.

그러므로 사람에 대해 이야기하려고 할 때는, 그 전에 첫째, '하나님이 지켜보고 계시다'는 것과 둘째, '나는 그 사람을 잘 모른다'는 것을 스스로 상기시켜, 내 입을 지켜야겠습니다.

우리는 실로 '심은 대로 거둔다.'는 진리를 늘 가슴속에 품고 사랑으로 사람을 대하고 사랑의 말을 서로 나누어야겠습니다.

그리스도인인 나는 전도해야 할 입으로 무슨 말을 하며 살아 왔는지 돌아봅니다.

'사람을 살리는 생명의 말'을 해야겠습니다.

"사람은 그 입의 대답으로 말미암아 기쁨을 얻나니 때에 맞는 말이 얼마나 아름다운고"(잠언 15장 23절).

"의인의 마음은 대답할 말을 깊이 생각하여도 악인의 입은 악을 쏟느니라"(잠언 15장 28절).

"입과 혀를 지키는 자는 자기의 영혼을 환난에서 보전하느니라"(잠언 21장 23절).

"네가 말이 조급한 사람을 보느냐 그보다 미련한 자에게 오히려 희망이 있느니라"(잠언 29장 20절).

"그런즉 거짓을 버리고 각각 그 이웃으로 더불어 참된 것을 말하라. 이는 우리가 서로 지체가 됨이니라"(에베소서 4장 25절).

"오직 사랑 안에서 참된 것을 하여 범사에 그에게까지 자랄지라. 그는 머리니 곧 그리스도라"(에베소서 4장 15절).

"너희가 서로 거짓말을 하지 말라. 옛 사람과 그 행위를 벗어 버리라"(골로새서 3장 9절).

"다투는 시작은 둑에서 물이 새는 것 같은즉 싸움이 일어나기 전에 시비를 그칠 것이니라"(잠언 17장 14절).

"다툼을 멀리 하는 것이 사람에게 영광이어늘 미련한 자마다 다툼을 일으키느니라"(잠언 20장 3절).

"너희는 모든 악독과 노함과 분냄과 떠드는 것과 훼방하는 것을 모든 악의와 함께 버리라"(에베소서 4장 31절).

"노하기를 더디 하는 자는 크게 명철하여도 마음이 조급한 자는 어리석음을 나타내느니라"(잠언 14장 29절).

"부드러운 대답은 분노를 쉬게 하여도 과격한 말은 노를 격동하느니라"(잠언 15장 1절).

"어리석은 자는 그 노를 다 드러내어도 지혜로운 자는 그 노를 억제하느니라"(잠언 29장 11절).

"분을 내어도 죄를 짓지 말며 해가 지도록 분을 품지 말라"(에베소서 4장 26절).

"아무에게도 악으로 악을 갚지 말고 모든 사람 앞에서 선한 일을 도모하라. 할 수 있거든 너희로써는 모든 사람과 더불어 화목하라. 내 사랑하는 자들아 너희가 친히 원수를 갚지 말고 하나님의 진노하심에 맡기라. 악에게 지지 말고 선으로 악을 이기라"(로마서 12장 17-21절).

"악을 악으로, 욕을 욕으로 갚지 말고 도리어 복을 빌라. 이를 위하여 너희가 부르심을 입었으니 이는 복을 유업으로 받게 하려 하심이라"(베드로전서 3장 9절).

적당히?

언어는 인간의 사상과 생활을 반영합니다. 그래서 언어는 고정적이지 않고 유동적입니다.

언어는 개념어이자 상징어입니다. 즉 개념과 상징을 담아냅니다.

우리는 언어로 생각하고, 이를 언어로 표현합니다.

언어와 생각은 닭과 달걀 같습니다.

언어 없는 인간은 상상할 수 없습니다.

그러므로 언어 사용 방법과 행태를 연구하면, 인간을 더 깊게 알아갈 수 있겠죠.

'적당하다'라는 말의 사용법으로 한번 우리 한국인의 마음을 탐구해 볼까요?

'적당하다'의 사전적 정의는 이렇습니다.

적당(適當)하다
정도에 알맞다.

그런데 우리는 '적당하다'를 이렇게 사용합니다.

'적당히 하고 넘어가자.'

정말 적당히 했다기보다는, 적당히 했다고 생각하고 싶을 때 이 말을 사용할 때가 많은 듯합니다.

추론이지만, 사람들이 이렇게 양면성을 가지고 '적당하다'라는 말을 대하고 사용했기 때문에 '적당주의'라는 말이 생기지 않았나 싶습니다.

적당주의(適當主義)
일을 어물어물 요령만 피워 두루뭉술하게 해치우려는 태도나 생각.

'적당'의 본래 의미와는 완전 다르게 사용되고 있는 것입니다.

사실, 일을 적당히 하는 것은 결코 쉽지 않습니다.
책임감과 인내심이 동시에 요구되기 때문입니다.
그러나 겉으로는 일을 제대로 한 척하고 싶을 때 우리는 '그 정도면 적당해'라고 나와 남을 속일 수 있습니다.

언어의 변천사가 어찌 됐든, '적당하다'라는 말은 더 이상 좋은 의미로 보기가 힘들게 된 것 같습니다.

이러다가 '똑바로'라는 단어도 의미가 바뀌지는 않겠죠?

똑바로
「1」어느 쪽으로도 기울지 않고 곧게.

「2」틀리거나 거짓 없이 사실대로.

'똑바로주의(똑바로 하는 척하기 위해 하는 허영과 헛짓)'라는 말이 생기지 않으려면 '똑바로'라는 말을 대하는 우리의 마음부터 정직해야겠습니다.

(잠2:6) 대저 여호와는 지혜를 주시며 지식과 명철을 그 입에서 내심이며
(잠2:7) 그는 정직한 자를 위하여 완전한 지혜를 예비하시며 행실이 온전한 자에게 방패가 되시나니
(잠2:8) 대저 그는 공평의 길을 보호하시며 그 성도들의 길을 보전하려 하심이니라
(잠2:9) 그런즉 네가 공의와 공평과 정직 곧 모든 선한 길을 깨달을 것이라
(잠2:10) 곧 지혜가 네 마음에 들어가며 지식이 네 영혼에 즐겁게 될 것이요
(잠2:11) 근신이 너를 지키며 명철이 너를 보호하여
(잠2:12) 악한 자의 길과 패역을 말하는 자에게서 건져내리라
(잠2:13) 이 무리는 정직한 길을 떠나 어두운 길로 행하며
(잠2:14) 행악하기를 기뻐하며 악인의 패역을 즐거워하나니
(잠2:15) 그 길은 구부러지고 그 행위는 패역하리라

나의 입술이...

사랑과 겸손과 감사의 말

연애 시절로 돌아갔나 봅니다.
"사랑해", "좋아해"
이 말을 많이도 듣습니다.

다섯 살인 둘째 딸이 많이 해 주거든요.

방문을 살짝 열고 손만 내밀어 엄지검지 하트를 보여 주고 "사랑
해" 말하고 가기도 하고,
둘이 산책을 하다가 불쑥 "사랑해" 웃으며 말하기도 하고,
같이 있다가 "아빠가 좋아" 하며 껴안아 주기도 합니다.

**생각해 보면, 제가 "사랑해" 한 만큼
제게 "사랑해" 말하는 것 같습니다.**

그러고 보면 사람은 말로 만들어집니다.
그래서 부모가 자녀에게 하는 말이 굉장히 중요한 거겠죠.

어디서 보니 한국인은 "엄마", "아빠" 다음으로 세 번째로 가르치는
말이 "지지"와 "까까"라고 하더군요.
그에 비해 미국인은 아이에게 가장 먼저 "엄마", "아빠"라는 말을

가르치고, 세 번째로 "감사합니다."라는 말을 가르친다고 합니다.
지지는 '내 새끼 과보호'로 이어지고, 까까는 어른이 되어 '대가성 거래 또는 뒷거래'를 만드는 요인이 된다고 분석하더군요.
일리 있는 분석으로 보입니다.

사랑과 겸손과 감사의 말을 하며 사는 부모와 함께 사는 자녀는 복된 인생을 사는 것입니다. 사랑과 겸손과 감사의 말이 주는 축복을 누리고 나누는 삶을 이미 살고 있고, 앞으로도 그렇게 살게 될 테니까요.

사랑과 겸손과 감사의 반대는 무엇인가요?
미움과 교만과 불평이죠.
우리의 소중한 인생을 이런 못된 말, 몹쓸 말로 허비하지 말아야겠습니다.
부모 자신과 우리 자녀의 인생을 위해서요.

그런데 사랑과 겸손과 감사의 말이 각각 따로일까요?
사랑하면 남을 섬기니 겸손하고, 겸손하면 나를 낮추니 감사하게 되죠. 사랑=겸손=감사. 늘 함께입니다.
오늘, 우리 입에서 '사랑과 겸손과 감사의 말'이 나오기를 소망합니다.

(잠29:23) 사람이 교만하면 낮아지게 되겠고 마음이 겸손하면 영예를
    얻으리라

빈말의 헛됨

빈말
「명사」
실속 없이 헛된 말.

이미 '빈말'이라는 말에
'헛됨'이라는 의미가
포함되어 있습니다.

그래도 우리는 빈말을
인사차/눈치껏
쑥스러워서/어색해서
수시로 하곤 합니다.

빈말의 부작용과 악영향은
도외시하거나 경시한 채로요.

빈말은 왜 부작용과
악영향을 낳을까요?

'진심'과 '진실'이

아니기 때문입니다.

저는 한국인 개인과
우리 사회의 발전을
저해하는 큰 요소
가운데 하나로
이 빈말을 꼽습니다.

심지어 가족 간에도
빈말이 오간다면
슬프디 슬픈
일 아닐까요?

스스로를 돌아보면
내가 가장 많이 하는
빈말이 뭔지 알 겁니다.

가정/학교/회사/교회
각종 모임/SNS에서
우리가 하는 대표적인
빈말은 무엇일까요?

지름길을 피해 돌아가면
득은커녕 해만 볼 텐데

공허할 뿐인 빈 말을
주고받을 이유가
어디 있을까요?

위선적이고
무책임할 뿐이고
오해를 낳을 수 있으며
거짓의 악순환을 만들 수 있는

'헛된 빈말'을 우리가
서로에게 해야 할
필요가 있을까요?

요컨대,
'빈말이 죄가
될 수 있음'을
깨달아야겠습니다.

(롬3:13) 저희 목구멍은 열린 무덤이요
그 혀로는 속임을 베풀며
그 입술에는 독사의 독이 있고

대화를 On하라

대화를 하다 보면 상대방의 말을 끊고 자신에 대한 이야기를 주로 하려고 하거나, 무슨 종류의 말을 꺼내건 반박부터 하고 보는 사람이 있습니다.
들어 보면 자기 얘기도 별것 아니고, 반대 의견은 설익어 있습니다.

이러한 유형의 사람들을 만나다 보면, 결국 그 같은 대화 방식이 나쁜 습관일 뿐임을 알게 됩니다.
관심을 나에게로 끌어와야 직성이 풀리는 타입인데, 실은 관심보다는 반감을 사기 쉽죠.

그런데 누구나 이렇게 반감을 사는 대화를 할 수 있습니다.
바로 나를 내세우려는 마음이 앞서 조급한 대화를 하게 될 때죠.

'No'를 뒤집어 보면 'On'이 된다는 말이 있습니다.
'중단'을 의미하는 부정의 말이 '진행'을 의미하는 긍정의 말로 바뀌는 것이죠.

상대의 말에 'No'라고 반응하면 대화가 '중단'되지만, 상대의 말에 귀를 기울이거나 고개를 끄덕이면 대화가 '진행'됩니다.
소통과 관계가 이어지는 것입니다. 발전하는 것입니다.

이렇게 우리는 서로 알아 가고, 서로 배워 가고, 서로 아껴 주게 됩니다.

오늘 어디서 대화하든 내 마음의 'On' 스위치를 작동시켜 서로 마음의 불을 켜 놓고 온화하게 이야기를 나누게 되기를 소망합니다.

대화의 기초

사람 이름이 언급되면 가십이나 험담이 되기 쉽다. 가능한 한, 사람 이름은 꺼내지 않는다. 되도록 과거 이야기가 아닌 미래를 향한 건설적인 이야기를 계속하면서 즐긴다.
－『지적 생활 습관』(도야마 시게히코 지음, 장은주 옮김)

사람들이 모여서 대화할 때 서로에게 도움이 되는 이야기를 하기 위한 필수조건을 제대로 짚어 주고 있습니다.

사람 이름은 꺼내지 않는다.
과거 이야기는 하지 않는다.

이 두 가지만큼 대화를 모나지 않게 하는 지혜가 또 있을까 싶습니다.

하지만, 우리의 대화를 돌아보면 어떤가요?

1. 그 사람에 대해 잘 모르면서 서슴지 않고 말한다.
2. 이미 지나간 과거를 자랑하거나 후회하거나 한다.

1번은 대부분 이른바 '뒷담화'로 애정 어린 말이 나오기 힘듭니다. 억측하고, 과장하고, 매도하기 일쑤죠.

2번은 좋은 추억 이야기를 제외하고는 다 허무합니다. '오늘의 우리'와 '내일의 소망' 앞에서 과거가 뭐 그리 중요할까요?

사람 이름은 꺼내지 않는다.
과거 이야기는 하지 않는다.

여기에 하나 보탭니다.

아무 말이나 막 하지 않는다.

대개 사람들이 막 던지는 아무 말은 웃기려는 심산으로 하는 것입니다. 또는 그저 시간 때우기용이기도 합니다.

1. 자신의 마음속에서 정리되지 않은, 유머에 미치지 않는 우스갯소리.
2. 자신의 머릿속에서 정리되지 않은, 대화에 미치는 않는 수다.

대표적인 두 가지 아무 말입니다.

아무 말은 아무 득이 안 됩니다. 허탈할 뿐이죠.
진심이 오가지도, 지혜가 오가지도 않기 때문입니다.

사람 이름은 꺼내지 않는다.
과거 이야기는 하지 않는다.

아무 말이나 막 하지 않는다.

대화에서 이 세 가지를 하지 않으면, 처음에는 침묵이 흐를지도 모릅니다. 한동안 어색하겠죠. 무슨 말을 해야 할까 당황스럽고요. 하지만, 이것은 대화의 목적과 방향과 속도를 근본적으로 바꾸기 위한 필수 코스입니다.

먼저 우리는 대화가 서로에게 유익이 되는 소통 수단임을 서로 이해하고 공감해야 할 것입니다. 사랑하는 마음이 사랑의 말로써 서로에게 전해질 때 한 마디 한 마디가 대화에 참여한 사람들에게 힘이 되겠지요.

사실, 사랑의 말만 해도 대화 시간이 빠듯합니다. 사랑의 말을 해본 경험이 별로 없기 때문에 어렵다고 느낄 뿐이죠. 그런데 이것은 직설적으로 말하면 사랑의 경험이 부족한 때문일 수 있습니다. 그래서 '사랑하기에도 바쁜데'라는 말을 하나 봅니다. 서로 사랑하는데, 함께 있을 때 사랑의 말이 나오는 것은 지극히 당연한 일이겠죠.

다른 사람 험담을 하지 않고, 옛날이야기를 하지 않고, 아무 말이나 막 하지 않아도 유쾌하고 즐겁고 의미 있는 대화를 충분히 할 수 있습니다. 이러한 대화 문화가 우리 사이에 서서히 정착하면, 대화의 또 다른 유형인 상의와 논의와 토론도 점점 더 유연해지고 유익해질 것입니다.

오늘, 대화의 기초부터 시작해야겠습니다.

인터넷에서 〈말 한 마디〉라는 시를 보았습니다.
대화하는 데 도움이 되도록 공유합니다.

말 한마디

부주의한 말 한마디가 싸움의 불씨가 되고
잔인한 말 한마디가 삶을 파괴하고
쓰디쓴 말 한마디가 증오의 씨를 뿌리고
무례한 말 한마디가 사랑의 불을 끕니다」
은혜로운 말 한마디가 하루를 빛나게 합니다.

(잠16:24) 선한 말은 꿀송이 같아서 마음에 달고 뼈에 양약이 되느니라
(잠18:8) 남의 말하기를 좋아하는 자의 말은 별식과 같아서 뱃속 깊
　　은 데로 내려가느니라
(잠18:21) 죽고 사는 것이 혀의 권세에 달렸나니 혀를 쓰기 좋아하는
　　자는 그 열매를 먹으리라

나는 리더일까?

언제 어디서나 우리는 리더로서 생활해야 합니다. '누구에게나 본이 되는 삶' 말이에요.
수동적인 삶, 방관자적 삶, 무책임한 삶, 무절제한 삶은 나 자신뿐아니라 우리 모두에게 도움이 되지 않으니까요.
그래서 리더십은 우리 삶에서 끊임없는 연구 대상입니다.
"리더십에는 질문과 경청이 필수적"이라고 말합니다.
그러니까 먼저 우리는 좋은 질문부터 던질 줄 알아야 하죠.
그런데 질문을 한다고 다 리더인가요?

『질문 리더십』(마이클 J. 마퀴트 지음, 최요한 옮김)에 보면, 다음과 같은 질문이 예시로 나옵니다.

왜 일이 진행되지 않는 거지?
성실하기만 하면 다야?
일이 왜 이 모양이야?
도대체 누구 생각이야?
지금 내 말에 반대하는 건가?
여기서 당신 혼자 일해?

저도 가끔 직장에서 위의 질문과 비슷한 질문을 받아 본 적이 있는데요.

제가 한 적도 있네요. 저의 이런 수준 낮은 질문(?)을 받았던 분들에게 죄송합니다.

위의 질문들을 다시 한번 보세요. 질문을 받는 사람 입장에서 참 난감한 질문입니다.

사실, 질문이라기보다는 비난에 가깝죠?

경청을 위한 전 단계로서의 질문이 아닌 것이죠. 아니, 그냥 이런 건 질문이 아닙니다.

잘못한 게 있어서 문책을 당하는 거라면 몰라도, 무언가에 대해 상의하다가 저런 질문이 나오면 그 질문이 나온 이후로는 유익한 대화가 이루어지지 못합니다.

그렇다면 왜 뜬금없이 저런 질문을 할까요?

아마도 돌아가는 일에 대한 평소의 무관심, 일의 전반에 대한 무지, 책임감과 관계력(협업력)의 결여, 지혜와 통찰의 부족, 내가 명령하니 넌 들어야 한다는 교만함 때문인 듯합니다.

어느 곳이든 리더가 필요합니다.

그리고 일하는 누구나 사실 리더가 되어야 합니다.

직위 고하를 막론하고 말입니다.

그처럼 주체적인 개인이 협업할 때 집단지성이 발휘되니까요.

만약 '내가 리더일까?' 궁금하다면 평소에 위의 질문을 하는지(겉으로든 속으로든) 자기 점검을 해 보면 될 것 같습니다.

"각각 자기 일을 돌볼뿐더러 또한 각각 다른 사람들의 일을 돌보아 나의 기쁨을 충만하게 하라"(빌 2:4).

"누구든지 네 연소함을 업신여기지 못하게 하고 오직 말과 행실과 사랑과 믿음과 정절에 있어서 믿는 자에게 본이 되어"(딤전 4:12).

"혹 위로하는 자면 위로하는 일로, 구제하는 자는 성실함으로, 다스리는 자는 부지런함으로, 긍휼을 베푸는 자는 즐거움으로 할 것이니라"(롬 12:8).

"그러므로 무엇이든지 남에게 대접을 받고자 하는 대로 너희도 남을 대접하라 이것이 율법이요 선지자니라"(마 7:12).

"너희 중에 큰 자는 너희를 섬기는 자가 되어야 하리라"(마 23:11).

듣기 : 말하기

관계를 잘하고, 일을 잘하는 사람들의 특징이 무엇일까요?
바로 잘 듣는 것입니다. 그리고 말은 오히려 가려서 잘하죠.
'듣기/말하기 능력이 인격과 인생을 좌우한다' 해도 과언이 아닙니다.

귀는 둘, 입은 하나인 이유를, 말하기보다는 듣기에 힘을 쏟으라는 의미로 해석하기도 합니다.
귀가 얼굴 양쪽에 달려 있는 것을 보면 좌우 두루두루 경청하도록 설계되어 있는 것 같기도 합니다.

총명(聰明)
「1」보거나 들은 것을 오래 기억하는 힘이 있음. 또는 그 힘.
「2」썩 영리하고 재주가 있음.

총명은 '보는 힘'과 '듣는 힘'을 아울러 말합니다.
잘 보고, 잘 듣는 것이 총명한 것이지요.
그런데 '귀가 밝다'는 의미의 '총(聰)'이 먼저 나옵니다.
그만큼 듣는 힘이 좋아야 지혜롭다는 의미 아닐까요?
사람과 사안과 사물을 '보는 힘'보다도 '듣는 힘'이 더 중요하다니
경청은 정말로 대단히 중요한 일인가 봅니다.

예전에 다니던 한 회사에서 사장님에게 일대일로 불려가 몇 시간씩 이야기를 들은 적이 자주 있는데요.
한 문장 한 문장 놓치지 않으려고 집중해서 듣다 보니, 그리고 경청의 태도를 잃지 않으려고 노력하다 보니 퇴근 무렵 녹초가 되어 있더군요.

그때 듣는 게 참 쉽지 않구나, 깨달았습니다.

다른 사람의 생각과 의견, 다른 사람의 경험담과 인생사를 듣는 것은 결코 쉬운 일이 아닙니다.
그의 이야기에 공감하고 동조하고, 어떨 때는 수긍하고 어떨 때는 의견을 내기도 하고, 때로 표정과 몸짓으로 적극 반응하기도 합니다. 아무튼 경청과 리액션이 어우러져야 하는 듣기는 쉬운 일이 아님에 틀림없습니다.

사람은 기본적으로 자기중심적이고 이기적인 측면이 있기 때문에 아무래도 듣기보다는 말하기를 선호합니다. 내 입으로 말을 하면 나에 대한 이야기, 나의 생각을 꺼내 놓을 수 있기 때문일 것입니다. 그리고 나에 대해 말하면서 다른 이들의 관심을 내게로 끌어올 수 있습니다.

더구나 말하면서 스트레스를 푸는 사람들에게 말하기와 듣기의 비중 차이는 매우 클 것입니다. 당연히 말하기 쪽이 압도적이죠.

그러나, 총명이라는 단어에서 보았듯이, 지혜로움과 말을 잘하는 것은 거의 무관해 보입니다. 우리의 혀가 그만큼 독을 품을 소지가 많기 때문이겠죠. 그것은 자만의 독일 수도 있고, 허세의 독일 수도 있고, 허영의 독일 수도 있을 것입니다. 불평의 독, 비난의 독, 한탄의 독도 있습니다. 자책의 독, 후회의 독도 있습니다.

아무 말이나 할 때는 '무의미의 독'이겠죠. 무의미의 독이라고 해서 무해, 즉 해가 없는 게 아닙니다. 어쩌면 아무렇게나 막 던지는 말들이 자기 자신을 비롯해 다른 사람들의 시간과 에너지까지 빼앗는 무시무시한 악독이 될 수도 있습니다.

산 경험을 통해 혀에 독이 쉽게 묻을 수 있음을 알기에 말을 줄여야 한다, 줄여야 한다고 자주 다짐합니다. 하지만 결코 쉽지 않습니다. 결국 이기적인 내 모습을 나의 온갖 말들을 통해 다시, 또다시 만나게 됩니다.

듣기는 기본적으로 이해와 배려와 포용입니다. 타인에게 집중을 요하는 일입니다.

듣기 시험에서 귀를 쫑긋 세우듯이, 토끼처럼 귀를 쫑긋 세우듯이 우리의 두 귀는 가족과 이웃과 동료를 받아들일 준비가 되어 있는지요?

말하기에 대해 정리하자면, 두말할 나위 없이 '말은 아끼는 것이 상책'입니다. 아마도 자기 관리 가운데서 이 '말을 아끼는 것'이 가장 어렵지 싶습니다. 그 말인즉슨, 역으로 말을 아끼는 데 매일매일 성공하는 사람은 참으로 아름답고 멋지게 자기 관리를 하며 사는 자라 말할 수 있을 것입니다.

말을 아끼려면, 자꾸만 나 자신을 보려고, 자꾸만 나 자신을 드러내려고 하지 말아야 할 것입니다. 저 사람의 입장, 저 사람의 생각, 저 사람의 소원, 저 사람의 관심사, 저 사람의 이야기에 신경을 기울여야 할 것입니다. 그러다 보면 결국 말수가 줄어드는 만큼, 다른 사람들의 말을 많이 듣게 될 것입니다.

아무리 내 생각을 이야기하고 다녀도 나 자신에게는 배움이 별로 없지만, 다른 사람들의 생각을 듣고 다니면 큰 배움이 됩니다. 여러 사람에게서 잘 들은 그 이야기들이 결국 나 자신을, 나의 인생을 돕습니다. 그리고 그렇게 받은 도움으로 남을 도울 수 있겠지요. 세상에 선한 영향력을 끼치는 '듣기의 선순환'입니다.

성경은 우리가 살면서 특히 말조심을 할 수 있도록 귀중한 깨달음을 여러 말씀을 통해 주고 있습니다. 말에 생명을 자라게 할 힘도 있고, 생명을 시들게 할 힘도 있습니다. 이러한 '말의 힘'을 우리는 늘 인지하고 말을 해야 할 것입니다.

성경에서 말씀하는 대로 오직 "때에 맞는 말"만이 진정한 말, 생명의 말임을 늘 마음으로 들은 채로 한 마디 한 마디 말을 해야겠습니다.

우리의 모든 인생 순간들은 다 사랑하고 싶은 때이고, 사랑해야 할 때이니 가장 쉽고도 유익한 말하기는 한마디로 '언제나 사랑의 말하기'이겠죠? 물론 사랑의 말을 하려면 먼저 많이 들어야 한다는 것을 잊지 말아야겠죠?

오늘 나의 듣기:말하기 비중은?
오늘 나의 듣기/말하기 점수는?

(잠15:23) 사람은 그 입의 대답으로 말미암아 기쁨을 얻나니 때에 맞는 말이 얼마나 아름다운고

사랑한다, 할 수 있다 말한다면

『열공 우리말』의 저자 최종희는 우리말에 긍정어보다 부정어가 더 많음을 이야기하면서 긍정을 부르는 말을 적극 사용한 이의 사례를 듭니다.

미국의 전 대통령 버락 오바마는 하버드 법대 재학 시절 법률 학술 지인 〈하버드 로 리뷰(Harvard Law Review)〉 편집장으로 있으면서 모든 부정어를 긍정어로 바꾸어 신도록 했다고 합니다.

예를 들면 '자유가 없는 나라'를 '자유를 향한 꿈이 있는 나라'로, '편법 없는 사회'를 '원칙 있는 사회'로 말입니다.

비판을 넘어서서 소망을 담아내는 '긍정적' 시도로 보입니다.
쓰는 말이 바뀌면 생각도 달라집니다. 그것이 말의 힘입니다.
그러므로 우리 서로 긍정의 말을 쓴다면 어떨까요?
특히 세상을 바꿀 아이들에게요.

삶을 보는 관점도, 삶을 살아가는 방식도 달아질 수 있으니 사소한 것부터 큰마음 먹고 시도할 가치가 있는 일 아닐까요?

초등학생용 놀이기구 앞에서 4세 아이에게 "넌 아직 어려서 안돼!"라고 말하기보다는 "네가 좀만 더 크면 멋있게 해낼 수 있을 거야."라며 가능성을 제시해주는 것입니다.

TV를 저 앞에서 보는 아이에게도 "앞에서 보면 눈 나빠진다."라고 말하기보다는 "뒤에서 보면 눈 좋아진다."라며 희망을 표현해주는 것입니다.

이상하거나 나쁜 행동을 하는 사람들이 있더라도 "무서운 세상이다. 무조건 피해라." 하기보다는 "안타까워하며 사랑함으로 볼 줄 알아야 한다."라며 사랑의 통로 되도록 권면하는 것입니다.

꽃도 사랑한다 말해주면 예쁘게 피어난다는데 말이 생각을 좌우하고 생각이 말을 좌우하는 사람이야 오죽할까요?

그러므로 부정어는 아껴 쓰고 긍정어는 맘껏 양껏 씀으로 서로를 살리기를 소망합니다.

(잠15:23) 사람은 그 입의 대답으로 말미암아 기쁨을 얻나니 때에 맞은 말이 얼마나 아름다운고

만약 우리가 내 입술의 모든 말을 하나님의 부르심에 대한 응답이자 하나님의 역사하심에 대한 기대로 여긴다면 말이 바뀜으로 삶이 변화하는 기적이 지금 여기서 일어남을 믿습니다.

의지는 분명하되 표현은 부드럽게

어느 책에서 본 말입니다.

"의지는 분명하되 표현은 부드럽게.
의지와 표현, 이 두 가지는 항상 조화를 이루어야 한다."

이렇게 하지 않았던 적이 많습니다.

의지는 모호한데 표현은 거세게 하거나
의지는 명확한데 표현은 제대로 못하거나.

상대에 따라, 상황에 따라 그랬습니다.

그 결과는 어땠느냐 하면,
상대도 좋아지지 않고
저도 좋지 않았습니다.

의지와 표현이 조화를 이루도록 말을 한다는 것은
경험과 지혜와 내공을 필요로 하는 일로 보입니다.

그러나, 우리는 간단하게 이해할 수 있습니다.

'하나님의 뜻 안에서 의지를 표현'하는 겁니다.

참으로 하나님은 인간이 복잡해하는 모든 것을
간단하게 해결해 주시는 놀라우신 분이십니다.

의지는 모호한데 표현은 거세게 하거나
의지는 명확한데 표현은 제대로 못하거나,
그때 나는 하나님이 주시는 사랑과 담대가 아닌
나 자신의 이기와 비굴로 나아갔을 것입니다.

돈과 권력 앞에서, 죄악의 문 앞에서
더 이기적이고 더 비굴해졌을 것입니다.

그러므로, 이제 하나님을 바라보며 말해야겠습니다.
**'하나님을 바라보며, 의지는 분명하되
표현은 부드럽게' 해야겠습니다.**

이것이 '하나님의 공의와 사랑을
받아 나누는 일'이겠지요.

(시119:97) 내가 주의 법을 어찌 그리 사랑하는지요 내가 그것을 종
　　일 묵상하나이다
(시119:98) 주의 계명이 항상 나와 함께 하므로 그것이 나로 원수보
　　다 지혜롭게 하나이다

(시119:99) 내가 주의 증거를 묵상하므로 나의 명철함이 나의 모든
스승보다 승하며

(시119:100) 주의 법도를 지키므로 나의 명철함이 노인보다 승하니이다

(시119:101) 내가 주의 말씀을 지키려고 발을 금하여 모든 악한 길로
가지 아니하였사오며

(시119:102) 주께서 나를 가르치셨으므로 내가 주의 규례에서 떠나지
아니하였나이다

(시119:103) 주의 말씀의 맛이 내게 어찌 그리 단지요 내 입에 꿀보다
더하니이다

(시119:104) 주의 법도로 인하여 내가 명철케 되었으므로 모든 거짓
행위를 미워하나이다

(시119:105) 주의 말씀은 내 발에 등이요 내 길에 빛이니이다

나의 입술이...

유머의 격, 인생의 격

어느 날, 링컨은 자신의 정적(政敵)인
돌로레스와 변론을 펼치고 있었다.
돌로레스는 링컨이 말과 행동이 전혀 다른
두 얼굴을 지닌 이중인격자라고 맹비난했다.
그러자 링컨이 냉큼 그의 주장을
반박하며 입을 열었다.

"돌로레스는 제가 두 얼굴을 지녔다고 하는군요.
여러분, 잠시 저를 봐주시죠!
제가 다른 얼굴이 있다면
지금의 못난 얼굴로 여러분을 마주하고 있겠습니까!"

그의 말에 자리에 있던 사람 모두 박장대소했다.
돌로레스마저 링컨이 자신의 정적이라는
사실을 잊은 채 웃음을 터뜨리고 말았다.
－『하버드의 논리 수업: 행복을 이끄는 논리적 사고의 비밀』 중에서

인격(人格)이 높아질수록
유머의 격(格)이 높아지고,

유머의 격이 높아질수록
인생의 격이 높아지는 것 같습니다.

심각하고 진지한 분위기에서도
힘들고 지친 상황에서도
유머를 말한다면요?

유머를 말하는 이의 마음속에는
여유와 평안과 화목이 자리 잡을 것입니다.

그 여유와 평안과 화목은
주변 사람들에게 선물로 전해집니다.

때로는 한 사람의 유머러스함이
때로는 한 마디의 유머의 말이
'인생의 웃음'을 짓게 합니다.

'왜 사는지를 돌아보게 하는
인생의 웃음' 말이에요.

그리고
그 웃음은
오래오래 추억될 것입니다.

그렇게
그 웃음은
오래오래 선한 영향을 미칠 것입니다.

우리에게 허락해주신 이 하루를 감사함으로 미소 짓고
고난 가운데서도 기쁨과 감사의 유머, 공감과 공존의 유머를
말함으로 주위에 밝은 온기를 선물하는 우리 모두가 되기를 간구합
니다.

한쪽 눈을 감고

하고 싶은 말을 전부 다 해야
직성이 풀리는 사람이 있죠?

그러나, 말을 다 하면,
역효과만 내는 잔소리에
그치고 말 수가 있습니다.

조언(助言)과 고언(苦言: 쓴소리)까지만 하려면
그래서 우리는 한쪽 눈을 감아야만 합니다.

**봤어도 못 본 척해야
할 때가 있는 겁니다.**

아내와 남편 사이에서
부모와 자녀 사이에서
스승과 학생 사이에서
상사와 부하 사이에서.

만약 한쪽 눈을 감아야 할 때를
지혜롭게 분별할 수만 있다면

각자가 '스스로' 마음이 움직여
인내하고 도전하고 성취하게 될 것이고,
마침내 그 성취한 바를 모두가 다 같이
칭찬하면서 기쁨을 나누게 될 것입니다.

그렇다면,
한쪽 눈을 감아야 할 때를
분별하게 해주는 지혜는
어디서 나옵니까?

바로, 사랑이지요.
그러므로
우리 이제, 사랑에 눈을 뜸으로써
한쪽 눈을 감고 그를 대해봅시다.

그러면 우리는 자연스레
너도 나도 기분 좋은
'사랑의 윙크'를 하게 될 것입니다.

즉 내 마음대로 하게끔 만들고 싶은데도
차마 억지로 한쪽 눈을 감는 것이 아니라,
상대를 진정으로 위하고 관심을 가짐으로
사랑으로 한쪽 눈을 감게 되는 것입니다.

이렇게 '사랑의 윙크'로 서로를 대함으로써
애정과 감사와 신뢰와 배려와 인내로
주님이 허락하신 모든 관계를
주님 안에서 은혜롭게
맺어나가기를 바랍니다.

배려(配慮)

配 짝지을 배

慮 생각할 려

도와주거나 보살펴 주려고 마음을 씀.

(잠10:8) 마음이 지혜로운 자는 명령을 받거니와 입이 미련한 자는
　　　패망하리라

(잠10:9) 바른 길로 행하는 자는 걸음이 평안하려니와 굽은 길로 행
　　　하는 자는 드러나리라

(잠10:10) 눈짓하는 자는 근심을 끼치고 입이 미련한 자는 패망하느
　　　니라

(잠10:11) 의인의 입은 생명의 샘이라도 악인의 입은 독을 머금었느
　　　니라

(잠10:12) 미움은 다툼을 일으켜도 사랑은 모든 허물을 가리우느니라

(잠10:13) 명철한 자의 입술에는 지혜가 있어도 지혜 없는 자의 등을
　　　위하여는 채찍이 있느니라

(잠10:14) 지혜로운 자는 지식을 간직하거니와 미련한 자의 입은 멸
　　　망에 가까우니라

도 아니면 모?

개인의 인격과 사회의 품격을 테스트를 할 수 있는 하나의 방법이 있습니다. 극단성이 있는지를 체크해 보는 것이죠.

극단성은 절대성과는 전혀 의미가 다릅니다. 우리가 절대적인 신앙에 대해서는 극단적이 아니라 절대적이어야겠죠. 변함없는 것에 대해서는 두말할 필요 없이 절대적인 것이죠.

보통 '극단'은 자기 PR이나 의사 표시를 할 때 두드러지게 나타납니다. 한국 사람들이, 한국 사회가 이런 경향이 있죠. '도 아니면 모' 같은 거죠.

결론적으로 말하자면, 나 자신이나 타인에 대해서 또는 무슨 의견을 낼 때 극단적인 표현은 대부분의 경우 자제되어야 합니다. 내가 다 아는 것도 아니고, 서로 이야기를 들어 봐야 일이 진전도 되는 거니까요.

"난 절대 …한 적 없어."
"그런 사람 처음 봐."
"그 의견은 말도 안 돼. 들을 가치도 없어."
"지금 이 상황을 나보고 받아들이라고?"

자존감이 아닌 자존심을 내세우는 사람들이 이런 표현을 많이 씁니다. 나를 높이고 남을 낮추는 말들이죠. 만일 한쪽에서 참지 않는다면 자칫 싸움으로 치달을 수도 있는 말들입니다.

이러한 극단적 악습관이 더 악화되면 스스로에 대해서는 극도로 교만해지고, 상대방에 대해서는 극단과 혐오가 결합한 '극혐'의 마음을 품고 또 그런 마음을 서슴없이 표현하게 되지요. 사안에 대한 이해는 온데간데없고, 사람에 대한 비난만 남게 되는 겁니다.

그런데 이 같은 극단화는 익명성이나 집단의 뒤에 숨은 채로 곧잘 나타납니다. 극단화된 개인들이 하나둘 모이기 시작해 극단적인 집단으로 덩치를 키우기도 하는 것이죠.

인터넷 카페/댓글, 길거리 시위 현장 중에서 극단화는 곧잘 발견됩니다. 온라인과 오프라인 가리지 않고 집단 극단화(Group Polarization) 현상, 즉 집단의 의사 결정이 개인의 의사 결정보다 더 극단적인 방향으로 나아가는 현상이 벌어지는 것이죠.

이쯤 되면 합리적, 이성적 견해로 서로를 이해하고 발전을 도모해야 할 공간에서 인신 비방과 소외, 차별을 일삼음으로써 쾌감(개인적, 집단적)을 얻고, 반대를 위한 반대를 하면서 자아도취(개인적, 집단적)가 되는 지경에 이릅니다.

요즘 남성, 여성, 아이 엄마, 정치 집단, 유명인 등 집단과 개인에 대해 노골적으로 혐오감을 드러내며 배척하는 사회 현상이 두드러지고 있습니다. 주로 인터넷에서 그 도를 극단적으로 넘고 있죠.

극단성은 개인과 집단의 무지와 편견에서 주로 비롯되지만, 여기서 많이들 간과하는 제일 중요한 것은 그 극단성에는 사랑과 긍휼이 빠져 있다는 겁니다.

극단적인 표현 자체는 애초에 소통하고 공감하여 서로 시너지를 내겠다는, 즉 관계에 대한 목적의식 자체가 없는 것이죠. 그래서 악의적인 표현이 오가는 것입니다. 극단적이지 않았던 측에서도 극단적인 행위를 접하면서 극단화되기도 합니다. 그러다가 결국 평행선을 달리는 진흙탕 싸움처럼 되는 것이죠.

우리는 이러한 극단화 현상을 바라보면서 이를 반면교사로 삼아야할 것입니다. 특히 극단화되어 가는 과정을 유심히 살펴보면서요. 죄성을 지닌 인간의 본성까지 그 원류를 짚어 가야 할 것입니다.

극단적 표현은 상처만을 남깁니다. 애당초 서로 잘되고자 하는 의지가 없었으니 서로 잘될 일도 일어나지 않습니다.

'말 한 마디로 천냥 빚을 갚는다'는 속담이 무색해질 정도로 그저 말이 품격 없이 오가는 사회가 되어 가는 듯합니다. 유일하게 말하는 동물인 인간에게 왜 말하는 능력이 주어진 것일까, 말의 힘은 무엇일까, 우리는 서로 대화하면서 성장하고 있는가, 이런 본질적인 것들을 고민하지 않은 결과일 것입니다.

극단화 현상에는 날이 갈수록 주인공만 되고 싶어 하는 사람들이 많아지는 것도 한몫 할 것입니다. 내가 더 두드러지고 싶어서 자신과 타인에 대한 표현을 극단화하기도 하는 것이죠. 결국 그 뿌리를 파고 들어가 보면 인간의 교만이 발단입니다. 그 교만에서 시기, 질투, 미움이 나오죠. 서로 간에 섬김이 있을 리 없습니다.

다른 말로 겸손이 없으면 섬김이 있을 수 없습니다. 그래서 극단화되어 가는 사회에서는 겸손이라는 덕목이 뼈에 사무치게 필요합니다. 나 자신이 그 같은 겸손을 갖추고 사람을 대하는가, 내 말 한 마디, 내 글 한 줄, 내 사진 한 장, 내 영상 한 개를 올릴 때마다 숙고할 점입니다.

집단 극단화 현상과 아울러 우리가 유의해야 할 것이 '침묵의 나선' 효과입니다. 침묵의 나선 효과는 다수의 의견이 어느 한쪽으로 모이고 있을 때 소수가 의견을 숨기는 현상을 일컫죠.

예를 들어 유튜브 같은 매체에 먹방이 극단적으로 자극적이고 터무니없이 비현실적으로 올라와도 이를 조회하며 호응하는 사람들만 늘어나고, 그 같은 먹방의 부정적 효과에 대한 의견을 표하는 사람은 거의 없다면 집단 극단화 현상은 더욱더 심해지겠죠.

이렇게 극단적인 사람들이 계속해서 늘어나 결국 사회 여론과 분위기를 주도하게 되면, 그 사회는 '극단사회'가 되는 것이죠. '도 아니면 모', 중간/중용/중도는 없는 겁니다.

우리 현실은 '도'와 '모'만 있지 않지요. 개인도, 집단도, 성향도, 의견도 마찬가지입니다. '개', '걸', '윷'도 있어야 조화가 이루어지지요.

우리는 각자의 자리로 돌아갔다가 다시 모여야 하지 않을까 싶습니다. 헤쳤다 모이는 것이죠. 그렇게 다시 모인 건전하고 바람직한 모임들이 작든 크든 생겨나야 건강한 사회를 이룰 것입니다.

이것을 이루는 길은 일단 나의 마음, 나의 말부터 살피는 것일 겁니다. '겸손이 먼저다.' 이 말대로 나의 마음이 품어지고, 나의 말이 나가고 있는지 살필 일입니다.

(잠29:23) 사람이 교만하면 낮아지게 되겠고 마음이 겸손하면 영예를 얻으리라

마땅히 할 말을

어제 오랜만에 둘째아이와 식탁에서 둘이 마주 앉아 오붓하게 눈을 마주 보며 대화를 나누었습니다. 이 얘기 저 얘기 하다가 화제가 동물에 대한 것으로 모아졌는데, 나비가 왜 그렇게 생겼는지, 나비는 왜 말을 안 하는지 묻습니다.

다섯 살 둘째아이는 지금보다 어려서부터 특히 다른 동물들이 말을 하는지 궁금해서 제게 동물의 종류를 바꿔 가며 여러 차례 물어봤는데, 그때마다 저는 "동물 중에서 사람만 말을 해."라고 굉장히 여지없게 답을 해 주었습니다.

아이는 나비가 말도 하지 않은 채 날아다니는 것이 신기한가 봅니다. 얘기하는 걸 들어 보니 또 한편으로 나비의 그 잠잠하고 부드러운 비행이 아름다워 보였나 봅니다. 그러면서 이렇게 말하는데 뜨끔했습니다.

"사람도 말을 안 하면 조용하잖아."

당황하여 아이에게 답했습니다.

"그렇지, 사람도 말을 하지 않으면 조용하지."

참 말 많은 시대에 살고 있는 한 사람으로서, 그리고 말 많은 사람으로서 뜨끔하지 않을 수밖에요. 특히 요새는 성별, 연령 외에도 여러 모양으로 편을 가르며 서로 혐오하는 표현이 수시로 오갑니다.

인터넷과 SNS는 이 혐오스러운 혐오 표현을 빨리, 넓게 퍼뜨립니다. 특히 인터넷은 익명성 때문에 말(손가락)이 이성을 앞섭니다. '혐오'는 시기, 질투, 비판, 비난을 넘은 존재에 대한 극단적 배제, 소외를 일으킵니다. 그만큼 심대한 악영향을 미치죠.

세상이 다방면에서 극단화되고 있지만, 우리가 말(言)의 자리를 잃어버리면 생(生)의 자리가 사라집니다. 말에는 생명을 품을 수 있는 능력이 있기 때문이지요.

지금 우리 사회에 혀에 찔리는 사람들이 엄청나게 많이 생기는 걸 보면 여전히 우리는 공감할 줄 모르고 소통할 줄 모르는 것 같습니다. 물론 사람이 말을 잘하려면 내 생각에 의존해서는 안 됩니다. 성령께 의지해야 합니다.

(마10:20) 말하는 이는 너희가 아니라 너희 속에서 말씀하시는 자 곧 너희 아버지의 성령이시니라
(눅12:12) 마땅히 할 말을 성령이 곧 그 때에 너희에게 가르치시리라 하시니라

그러나 기도보다 말이 앞서는 까닭에 상처를 주고 사고를 칩니다.

(잠29:20) 네가 언어에 조급한 사람을 보느냐 그보다 미련한 자에게
　　오히려 바랄 것이 있느니라

'말하기를 서두르는 사람은 희망이 없다.'고 말씀하고 있습니다.

박지원의 『연암집』에 보면 "사람을 사귈 때는 그 사람의 말부터 살
펴라."라는 말이 있습니다. 아무하고나 아무 말이나 해선 안 되는
것이죠. 불평과 험담을 늘어놓는 사람 옆에서는 그 불평과 험담에
물들 수 있습니다. 세상에는 그런 유혹의 자리가 많죠. 그래서 성경
은 다음과 같이 말씀하고 있습니다.

(잠25:17) 너는 이웃집에 자주 다니지 말라 그가 너를 싫어하며 미워
　　할까 두려우니라

수다 가운데서 시기와 증오가 나올 수 있기 때문에 우리는 말을 아
껴야 합니다. 내가 갖는 만남, 내가 속한 모임부터 살펴야겠습니다.
하나님의 말씀을 들을 시간에 내 말을 늘어놓는 만남과 모임이라면
참여할 이유가 없겠지요. 그들과 나 자신에게 유익이 될 자리가 아
니니까요.

그래서 만남도 모임도 갈수록 단순해져야 합니다. 오프라인/온라인
둘 다 마찬가지입니다.

결국 나 자신에게 묻게 됩니다.

'나는 나비처럼 잠잠하고 아름답게 움직일 수 있는가?'

아이의 말에 부끄러운 어른입니다.

(엡4:29) 무릇 더러운 말은 너희 입 밖에도 내지 말고 오직 덕을 세우
는 데 소용되는 대로 선한 말을 하여 듣는 자들에게 은혜를 끼치
게 하라

오직 내가 할 말이 덕을 세우는 선한 말인가 분별하여 입 밖에 내야
겠습니다.